NATIONAL PARKS IN THE U.S.A.

アメリカ 国立公園

絶景・大自然の旅

はじめに

　人生のうちに忘れられない瞬間は何回あるだろう。ぼくにももちろん幾つかはある。でも、思いの外多くない……。みなさんはいかがですか？
　ぼくにとって絶対に忘れることのできない、ある瞬間。それは2001年10月18日正午、グランドキャニオン・サウスリム、マーザーポイントに立った、そのときだ。どこまでも澄み切った巨大渓谷に足が震えた。遥か眼下を滑空する鷲。真下に見る1.6キロの地層には18億年の地球の歴史が凝縮されている。人間の歴史はたった1センチ。乾いた風に吹かれながら、自分の卑小さを思い知らされた。
　もしかしたら、あれは一種の啓示だったのかもしれない。
　その日から、小さなキャンピングカーでアメリカ国立公園を訪ねる旅が始まった。数年間、クルマを預かってくれた友人の住むロスアンジェルスを起点に旅を繰り返し、2008年、49歳の時に全米一周を思い立った。早くしないと人生が終わってしまうと脅えたのだった。
　本書では15カ所の国立公園、ナショナルモニュメントを紹介している。「何だ、たったの15カ所か」と、有識な方は笑うかもしれない。確かにたった15カ所だし、取り上げた公園も十分な旅行ガイドになっているかといえば自信がない。個人の主観だらけだし情報も古い。コンプリートガイドを探している方は、ほかの立派な本をお薦めする。
　ただ、このささやかな本にも誇れる点はある。それは自分のクルマでたどり着き、キャンプサイトを設営し、自分の足で歩きまわった実録であること。目的の国立公園のゲートに到着した喜び、絶景を前に言葉を失った感動を、ぜひ一緒に味わっていただきたい。
　そしてこの本が誘いとなって新しい旅立ちに繋がれば、これ以上の幸せはない。セコイヤの永遠の命、グランドキャニオンの遥かな悠久、イエローストーンの厳しい荒野、シャスタの震えあがる冷水が、あなたを待っています。

CONTENTS

- 2 はじめに
- 10 アメリカ国立公園ってどんなところ？
  楽しみ方と注意点

16　第1章　絶対行きたいアメリカ国立公園10

- 18 ヨセミテ国立公園
- 32 セコイヤ国立公園
- 42 デスバレー国立公園
- 46 シャスタ・トリニティ・ナショナルフォレスト国立公園
- 62 グランドキャニオン国立公園
- 72 オルガンパイプカクタス国立公園
- 80 イエローストーン国立公園
- 96 ロッキーマウンテン国立公園
- 104 ビッグベンド国立公園
- 112 エバーグレーズ国立公園

131　第2章　まだまだあるよ！オススメ国立公園5

- 132 ジョシュアツリー国立公園
- 134 アンテロープアイランド州立公園
- 136 クレーターオブザムーン・ナショナルモニュメント・アンド・プリザーブ
- 138 グレートサンドデューン国立公園アンド・プリザーブ
- 140 ビスケイン国立公園

142 アメリカ国立公園　旅の準備編

142 旅の準備もまた楽し
144 旅程を立てる
146 初めての旅行でも……レンタカーで旅しよう！
148 国立公園にぴったりのスペシャルな旅　キャンピングカーで行こう！

On the Road
30 サンフランシスコからヨセミテ
92 アイダホフォールからイエローストーン
124 エバーグレーズからキーウエスト

Column
40 1 自然保護、国立公園を生んだ　ジョン・ミューア
70 2 アメリカの自然を世に伝えた　アンセル・アダムス
94 3 いつもキリっとカッコいい　パークレンジャーのお仕事
130 4 カリフォルニアを目指す家族の物語「怒りの葡萄」に感激

126 Drive Further!

150 番外編　僕のキャンピングカー放浪記
158 あとがき

Joshua Tree NP

Rocky Mountain NP

Big Bend NP

Craters of the Moon NM

Great Sand Dunes NP

Yellowstone NP

Sequoia NP　　**Yellowstone NP**

Everglades NP

Monument Valley

Shasta Trinity NP

アメリカ国立公園ってどんな

楽しみ方と注意点

■ NPS とは？

　アメリカの国立公園はナショナル・パーク・サービス（NPS）が運営している。NPS が誕生したのは 1916 年。100 年近い歴史に支えられた組織だ。現在、アメリカにはメインランド（48 カ所）、アラスカ（8 カ所）、ハワイ（2 カ所）の合計 58 カ所の国立公園がある。NPS ではそのほか、ナショナルモニュメントやナショナルヒストリックパークなどを含め 400 カ所の施設を管理している。

　NPS のホームページは大変良く整備され、すべての国立公園に関する宿泊・イベント・料金・道路状況などを知ることができる。旅行を計画するときは、アクセスするといいだろう。
http://www.nps.gov/index.htm

■ 入場料・宿泊は？

　入場料はクルマ 1 台あたり 3 〜 25 ドル。つまり 1 台に 1 人でも 4 人乗っても同じ値段だ。徒歩や自転車で入場するときは 1 人ずつの徴収となる。どんな場合も 1 週間有効なので領収証はなくさないように。例えばパーク外に宿泊して翌日、もう一度ゲートを通るときは、領収証を見せれば無料で入れてくれる。

　大きな国立公園の中にはホテルやロッジなどの施設があり、事前に予約することができる。イエローストーンのオールドフェイスフル・インやグランドキャニオン・ノースリムのグランドキャニオン・ロッジは格式のある素晴らしいホテルだ。また、公園内にこだわらなければ近隣の町に泊まるのも手だ。

　ホテルはなくても、キャンプ場のない国立公園はない。レンタルキャンパーやテント持ち込みなどで、大自然の中のキャンプを体験するのもおすすめだ。本書では主にクルマで入れるキャンプ場を紹介しているが、徒歩でしかアクセスできないタイプもある。いわゆるバックカントリーのキャンプ場だ。これこそ究極の楽しみ方かも。バックカントリーに入るにはビジターセンターでパーミットを取ることが必要。

ところ？

■ 園内のアクティビティは？

　もっとも一般的なのはハイキング。定められたトレイルを歩くことだが、これがなんといっても気持ちがいい。ビジターセンターではレンジャーたちのガイドによるツアーが多数、企画されている。ネイチャーウォーク、スライドショー、キャンプファイアープログラムなど。公園に着いたら、まずビジターセンターに寄る。これが鉄則だ。

　ヨセミテやグランドキャニオンでは、有名ポイントを回る無料のシャトルバスも走っている。限られた時間で楽しむにはおすすめだ。そのほか、ミュール（ラバ）や馬に乗って観光するサービス、カヌーや自転車のレンタルなども一般的だ。訪ねる公園のホームページで確認しよう。また、フィッシングやスキーが楽しめる公園も多い。ライセンスやルールを守って素晴らしい自然を楽しみたい。

　なお、派手なお土産屋さんや遊園地のような施設はないので、念のため。

さまざまな情報が集まってきている。

レンジャープログラムは内容充実。ぜひ参加したい。

トレイルのハイキングが基本アクティビティとなる。これが本当に楽しいのだ。

動物にエサをやるだけ最高5000ドルの罰金！

■ 日程・季節はどう考える？

　アメリカは広い。隣の町まで200マイルなんていうこともよくある。せっかくの国立公園の見学が半日では、何をしに行ったのか分からなくなってしまう。なるべくゆとりを持った計画を立ててほしい。景色が本当に美しいのは朝と夕方と決まっている。1泊2日でもチャンスは2、3回しかない。ぜひ可能な限り長く公園に滞在してください！

　意外と軽視されるのが季節。ぼくも何度も失敗した。その公園にあった季節に行ってこそ、快適な観光が可能になる。本文中の「適した季節」の項は読み飛ばさないように。

■ **公園内での注意点**

　国立公園は自然の動物、植物、鳥、昆虫たちの宝庫だ。彼らがその土地の主であり、ぼくたちはそこにお邪魔している存在。彼らを傷つける行為は厳禁だ。もちろん、動物にエサをやることもダメ。驚くほど高い罰金が科せられてしまう。

　キャンプ場では食料などの管理が厳しく言い渡される。動物が採れるところに食料を出しっ放しにしていると悲劇につながる。一部のキャンプ場では両手を使わないと開かない食料保管庫が設置されている。

　ペットを公園内に連れて行くことは OK だが、トレイルから外れないように指導している。必ずそれぞれの公園のレギュレーションを確認してほしい。

　アメリカの国立公園は、日本と違って柵などが必要以上に設置されていない。場合によっては、こんなに危ないところを歩かせるのか！　なんてこともある。怪我をしないように滞在する。あくまでも自己責任で楽しむのが原則だ。

トレイルには動物や植物、地形、気候に関する情報も。

ヨセミテ公園のキャンプ場に設置された食料保管庫。寝る時は何も外に出しておかないのが原則。

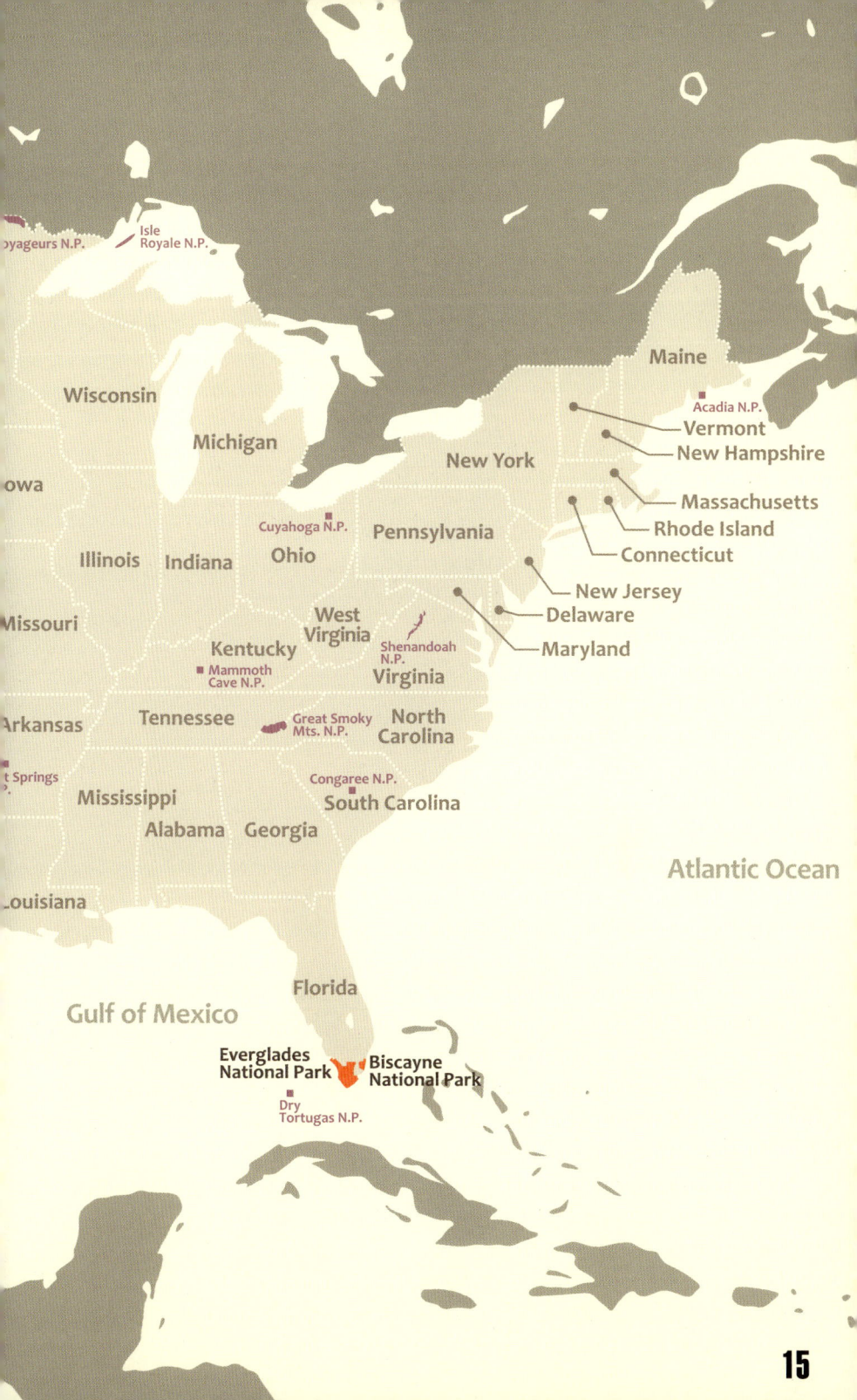

第1章

絶対行きたい
アメリカ国立公園 10

長年国立公園めぐりをしてきた僕が、
読者の皆さんに「死ぬまでに是非行って欲しい！」
と思う10箇所を紹介したい。
日本からのアクセスが便利な北西部を中心に、
ちょっとはずれの珍しい公園までを網羅しているので、
まずは見て楽しみ、そしていつか是非行ってみて欲しい。

18 Yosemite

32 Sequoia

42 Death Valley

46 Shasta Trinity

62 Grand Canyon

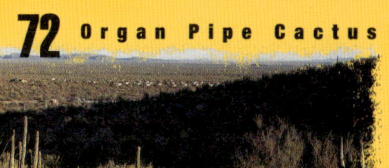

72 Organ Pipe Cactus

80 Yellowstone

96 Rocky Mountain

104 Big Bend

112 Everglades

YOSEMITE

ヨセミテ国立公園

本部 : Yosemite National Park PO Box577
　　　Yosemite, Ca 95389209-372-0200
　　　http://www.nps.gov/yose
設立 : 1890年10月1日
広さ : 747.956エーカー
入場料 : クルマ20ドル。
　　　徒歩・自転車・バス10ドル/人（1週間）。

安心して大自然の驚異に触れることができる
アメリカ国立公園の聖地

　ヨセミテ国立公園は、全米にあまたある国立公園の中でも２つの意味で"特別な場所"といえる。

　ひとつは、国立公園の父と称されるジョン・ミューアが移り住み、自然保護の理念を築いた土地であること。ヨセミテをこよなく愛し、19世紀半ばにすでに自然破壊の悲劇を予見したミューアの功績は計り知れない。今や常識となった自然と人との関わり方の重要性は、彼によって説かれたといえる。もし、彼がいなかったらアメリカの自然はどうなっていたのか、いや地球の自然はどうなっていたのか、想像しただけでも背筋が寒くなる。ヨセミテはアメリカ国立公園の原点であり、誰もが認める"聖地"。1890年設立の壮大な歴史を感じてほしい。

　もうひとつの特徴は、商業的に最も成功した国立公園である点。サンフランシスコというアメリカの表玄関からわずか200マイルという立地は、海外からの旅行者も受け入れやすい。200マイルというと320キロ。およそ東京―名古屋くらいの距離ではあるが、これはほかの国立公園に比べれば「アクセス利便」と形容されていい。サンフランシスコから一目散にクルマを飛ばせば、わずか３時間ほどでパークゲートに到着する。"聖地"がこんなに近くていいのか、と拍子抜けするくらいだが、少しでも時間を節約したい忙しい旅行者には、これほど有難いことはないだろう。便利な観光ツアーもバンバン企画されている。

　もちろん、アメリカ国内からのアクセスも利便だ。よく整備されたハイウエイが、シエラ山脈を縫っていろいろな方角から旅行者を導いてくれる。カリフォルニアらしいマイルドな気候もうれしい。灼熱の砂漠や極寒の山岳に脅える必要もない。実は１年間を通して楽しめる国立公園はそう多くないのだ。

ヨセミテビレッジというパークの中心には、ホテル、レストラン、お土産物屋が充実している。加えて、無料バスの運行、子供にも分かりやすいトレイルの案内、豊富な資料やレンジャープログラムなどあくまでも旅行者にやさしい。有名なビューポイントまでクルマを乗り付けられるのも珍しいことだ。

悪く言ってしまえば、大自然アミューズメントパーク的な印象を受ける。もし、ミューアが生きていたらどう感じるかとハラハラするが、年間3万3000人のビジターが訪れる事実は大成功と讃えるべきだろう。

前置きが長くなったが、ヨセミテが抱える自然は、もちろんワールドプレミア・クラスだ。

世界最大の花崗岩の一枚岩、エルキャピタン。アメリカ最大の落差を誇る滝、ヨセミテフォール。巨大ドームを半分に切り落とした形状の岩壁、ハーフドーム。トレイルの先に現れる美しいミラーレイク。さらには奥深い自然を2199メートルの頂上から見わたす、グレイシャーポイント。樹齢2700年というセコイアの大樹、グリズリージャイアントなど、その名を聴くだけで震えがくる自然の偉大さを目の前にすることができる。その驚異に心を打たれなければ、絶対に嘘だ。

もし、ヨセミテを訪れるなら、ビレッジだけで終わってはいけない。ぜひ、好みのトレイル歩きに挑戦してほしい。季節の花々、植物、動物、鳥、昆虫が絶景とともにあなたを待っている。森深いトレイルを行き、人知を超えた自然に包まれるとき、スピリチュアルなベールがそっと寄り添ってくるに違いない。

「人間が作ったどんなに素晴らしい建造物も、ヨセミテにはとても比較できない」(ジョン・ミューア)

行き方　　　　　　　　　　　　　　　　　How to get there

パークのエントランスはBig Oak Flat Entrance、Arch Rock Entrance、South Entrance、Tioga Pass Entranceの4か所。地図で確認してほしい。サンフランシスコからクルマなら、I-580、I-205、I-5と乗り継ぎ、さらにCA-120でマンテカへ。マンテカからBig Oak Flat Entranceまで110マイル。フレズノ・ヨセミテ国際空港もあるが、不便。

適した季節　　　　　　　　　　　　　　　　　When to go

一部の道路が冬期間不通になることを除き、1年を通してオープン。それぞれの季節の良さを味わうことができる。むしろ週末の混雑を避けてスケジュールを組むことをおすすめしたい。いずれにしても、パーク内のホテル、キャンプ場は予約しておいたほうが無難。

予約　　　　　　　　　　　　　　　　　　How to reserve

ヨセミテ国立公園内には、8か所のホテル、ロッジがある。予約はこちらのサイトが便利 (http://www.yosemitepark.com/lodging.aspx)。キャンプ場は、13か所 (http://www.nps.gov/yose/planyourvisit/campground.htm)。

ヨセミテ全体マップ

Yosemite Whole Map

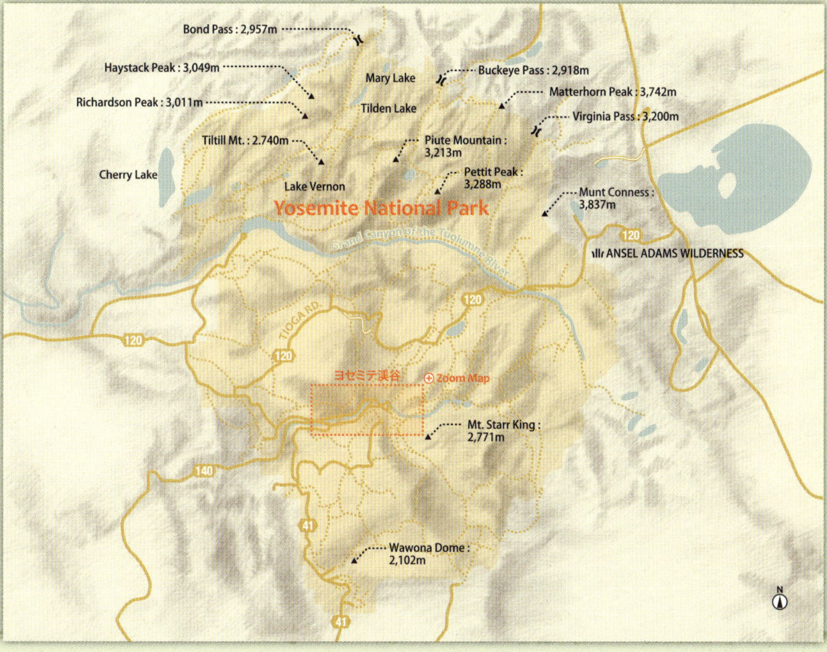

Bond Pass : 2,957m
Haystack Peak : 3,049m
Richardson Peak : 3,011m
Mary Lake
Buckeye Pass : 2,918m
Matterhorn Peak : 3,742m
Tilden Lake
Virginia Pass : 3,200m
Tiltill Mt. : 2.740m
Piute Mountain : 3,213m
Cherry Lake
Pettit Peak : 3,288m
Lake Vernon
Munt Conness : 3,837m
Yosemite National Park
Grand Canyon of the Tuolumne River
120
ANSEL ADAMS WILDERNESS
TIOGA RD.
ヨセミテ渓谷
Zoom Map
Mt. Starr King : 2,771m
140
41
Wawona Dome : 2,102m
N

ヨセミテ渓谷マップ

Yosemite Valley Map

アッパー滝へ
ヨセミテ ロウアー滝
Zoom Map
Village Dr
ヨセミテミュージアム
バレービジターセンター
郵便局
アンセルアダムズギャラリー
レストラン
ロイヤルアーク
Ahwahnee Drive
ミラーレイクへ
ヨセミテフォールトレイル
ビレッジストア
アワニーホテル
Northside Dr
ヨセミテロッジ
Sentinel Drive
P
センネル橋
Merced River
ハウスキーピング キャンプ場
Southside Dr
教会
カリービレッジ
フォーマルトレイル
Glacer Point : 2,199m
Sentinel Rock : 2,145m
Sentinel Dome : 2,476m
N

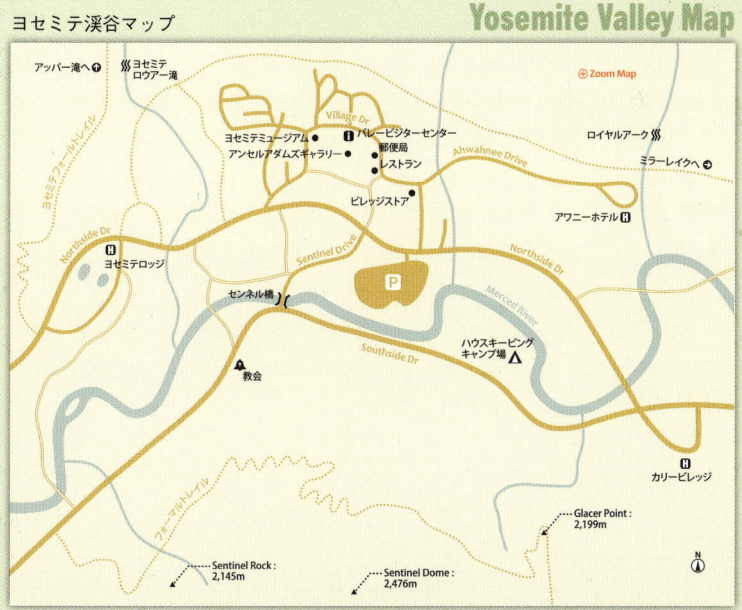

YOSEMITE

ヨセミテの楽しみ方　　　　　　　　How to visit

　「日帰りで楽しむにはどこに行ったらいいですか？」とは、悲しいかな、レンジャーがよく受ける質問らしい。本来なら、1週間は滞在してじっくりと最高の自然を堪能したいところだ。限られた時間でも、豊富なトレイルからグレイシャーポイント、マリポサグローブ、ティオガロードなどを選んで、ぜひ歩いてみよう。なにしろ、ビレッジが占める面積はパーク全体の1％以下、トレイルの総延長は800マイルもある。

　ベテランハイカーなら、バックカントリーでのオーバーナイト・ステイにトライしてほしい。ビレッジの喧騒を離れて深い森に入ってこそ、本当のヨセミテの凄さ、醍醐味を感じることができる。人生観が変わること請け合いだ。パーミットは現地のビジターセンターで取れる(無料)。人数制限があるため、first come-first serve（早い者勝ち）だが、5ドルで郵送予約も可能だ（問い合わせ＝ 209-372-0200）。

　12月から5月まではスキーも楽しめる。スクールなども充実している。ハイ・シエラでのスキー体験はひと味違うのでは？（http://www.yosemitepark.com/BadgerPass.aspx）。

　ぜひ訪ねてほしいのが「アンセル・アダムス・ギャラリー」。現地で鑑賞する彼の作品には感激ひとしおだ。そのほか、ネイティブの暮らしを展示した「ヨセミテ美術館」、動植物に関する「ハッピーアイル・ネイチャーセンター」などの施設がある。

　どうしても時間がない人は、公園内を走る2時間のガイド付きトラムに飛び乗ろう。効率よく有名ポイントを回ることができる。無料の周回バス、レンタル自転車も使い勝手がいい。

　宿泊は、一泊10ドルのキャンプ場から1000ドルオーバーの高級ホテルまで選り取り見取り（20ページ参照）。品ぞろえのいいマーケットやファストフードもあり、滞在に心配は不要だ。

清々しい森林の空気を満喫。

パークゲートには大きなサインボード。ついに到着！

ポストオフィスも景観にマッチしたデザイン。絵はがきを出すのも国立公園滞在の楽しみ。

有名ポイント、エルキャピタンとリボン滝。

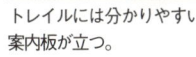

トレイルには分かりやすい案内板が立つ。

静けさ漂うレッドウッドに囲まれたキャンプ場。

ヨセミテバレーを走る無料のシャトルバス。便利です。

豪快なヨセミテ滝。中央がアッパーフォール、左にロワーフォールが見える。

僕のヨセミテ滞在記
My stay in Yosemite

ぼくの旅立ちはここからスタートした

　2008年春は、ぼくの人生にとって、とても特別な時だった。VWバナゴン・キャンパーとともに、アメリカ一周キャンプ旅行をスタートさせる決心をしたのだ。それはアメリカの旅に魅せられた僕の集大成ともいえる一大企画だった。

　さて、ぼくが選んだ最初の目的地が、ほかならぬヨセミテだった。クルマを買ったのがサンフランシスコだったための必然ともいえるが、特別な旅のスタートとして特別な地を選びたいという気持ちも強かった。新しいテントの最初ペグは、やはり聖地に打ち込みたい。それは男の旅の決意表明でもあった。

　3月からリサーチをスタート。ところが、ガイドブックによると超一流国立公園だけにキャンプ場の予約はかなりシビアとか。しかも、予約受付は5カ月前の15日から始まる。ぼくの希望は5月1日からだから、すでに昨年の12月15日から受け付けていることになる。これまでキャンプ場が満杯でチェックインできないことはなかったのでのんびりかまえていたが、これはマズいぞ！　胸騒ぎを抑えながらチェックすると、果たして観光の中心、ヨセミテビレッジに近いハウスキーピングやロワーパインなどはすでに空きがない！　必死に探し、公園の西のはずれにあるホッジソンメドウ・キャンプグラウンドになんとか空きを発見する。ホッ。ビレッジからは25マイルも離れているが、森の中の静かなロケーションもいいだろう。いや、絶対いいに決まっている！　1泊10ドルと格安。じっくりと楽しむために5泊予約する。

　4月27日、満を持して渡米。サンフランシスコのVWショップで旅

ウッちゃんとの対面。 / クルマを探してくれたベン(左)と一緒にクルマを登録。 / 緊急修理をしてくれたVWショップ。 / 友人宅に短期居候しながら旅の準備。

森の中に突然広がるメドウ。来てよかった、と感じる瞬間。

の相棒、'84年型VWバナゴン・ウエストファリア（通称、ウッちゃん）と対面する。なんだか、お見合いのような面はゆい気持ちになる。ちなみにショップのオーナー、ブルースは典型的なヒッピーサーファー。クルマの中は砂だらけ、運転中は瞑想をするとのことで何やら怪しい匂いが漂っていた。

　その後、サンフランシスコから70マイルほど北のセバスポールという町に住む友人宅で旅のセットアップに入る。昼はクルマの部品交換やキャンプ用品の購入。夜はガイドブックでじっくりとヨセミテのお勉強。5泊6日をどう過ごすか、あれこれと思いを巡らせる。楽しいんだな、これが！

　ところが、待ちに待った出発の朝、なんとクルマからガス漏れが発覚！ラッキーなことに小さな町にもVW専門店があった。慌てて修理に出す。「今すぐにでも出発したいんだ！」と緊急作業を懇願する。

　翌日午後、特急修理が完了。フリーウエイに飛び出す。なんとか夕刻までに到着したかったが、ゲートまで100マイルというところで日没となってしまった。オークデイルという町に宿泊。結局、予定より2日遅れの5月3日、ようやくキャンプ場にチェックインすることとなった。レッドウッドに囲まれたキャンプ場は、期待通りの居心地の良さだ。針葉樹の香りに満ちている。この環境に4日間もいることができるかと思うと、感謝の気持ちがむくむくと沸いてくる。目的地無事到着の儀式、

ビールの乾杯を行う。プシュ！
　と、サイトの隅に頑丈な鉄製ストレージが設置されていることに気付く。扉は両手を使って複雑な操作をしないと開けることができない。注意書きによると、食料品はもちろん、シャンプー、歯磨き粉、水、使用した皿、すべてのゴミはストレージに入れるよう厳重に指示されている。
　つまり、この鉄の箱は熊対策なのだ。熊対策と言っても、自分を守るためではない。むしろ熊を守るためのルールなのだ。ヨセミテのボスは人間ではない。人は素晴らしい自然をしばし拝借しているだけに過ぎない。人間のミスで動物の生態系にインパクトを与えることは絶対に許されないのだ。
　ぐっと気持ちを引き締めたところで、さっそく有名なビレッジへと向かう。と、またしてもビックリ！　なんという人の多さ！　タンクトップ姿の女子高生がペロペロとアイスキャンデーを食べている！　リボン滝周辺は渋滞中だ。それまでにもいろいろな国立公園を訪ねてきたが、こんな光景は初めてだぞ。
　気を取り直してヨセミテバレービジターセンターを訪れる。ビジターセンターでは天候情報、パーク内のニュース、各種パーミットの交付、地図や資料の配布・販売、レンジャーによるガイドツアーの案内などを提供している。さすがに有名国立公園の中心にあるビジターセンターだ。てきぱきと旅行客に対応する。コンパクトにまとまった地図を購入。
　ウッちゃんとともにビューポイントを回る。エルキャピタンの堂々とした姿に、はっと息を呑む。
「シエラネバダ山塊は1000万年前に大きく隆起し、その後、傾斜。この地殻変動により急峻な崖や渓谷、滝、そして東側にはおだやかな高原が形成された。さらに100万年前に1200メートルもの氷河が堆積し、その移動によって浸食と岩石の剥離が起こった……」
　しかし、そんな解説を読んでも、目の前に剥き出しになった超巨大な一枚岩を理解することはできない。まさに理屈を超えた驚異がそそり立つだけだ。呆然と立ち尽くす。圧倒的な自然の前に立つと写真を撮る気が失せるという、ぼくの悪い癖が出る。
　それから4日間は聖地巡礼の旅となる。ハーフドーム、ヨセミテフォール、マリポサグローブ、トゥオルミメドウ。ヨセミテは、どのポイントも名前が優しい。
　森に入り込み、木の香り、鳥の声に身を任せる。神々が住んでいるのはやはり深い森の中だった。ヨセミテを旅の出発点に選んでよかった。心からの感謝が込み上げてきた。

マリポサグローブに立つセコイアの大木、その名もグリズリージャイアント。周囲28メートル、樹齢は諸説あるが、2700年が有力。

On The Road
San Fransisco >>> Yosemite

ヨセミテ国立公園のキャンプグラウンドを
5日間も予約していたのに、
出発直前にクルマのトラブルで出遅れた。
200マイル先の憧れの地を目指して、Kick the Road!

Manteca →

サンフランシスコ
San Fransisco
1日半遅れての出発。スーパーマーケットで食料を調達。焦る気持ちを抑えてコーヒーブレーク。

マンテカ
Manteca
サクラメントバレーは農産物の宝庫。カリフォルニアの豊かさを実感する。

Oakdale ↓

オークデイル
Oakdale
結局、この日もヨセミテには着かなかった。安モーテルに投宿。

Mariposa ↓

マリポサ
Mariposa
シエラの山を登り始めたところで、ジャニスの生まれ変わりに遭遇！ 彼女の人生にも興味はあるが先を急ぐ。

Yosemite →

ヨセミテ
Yosemite
聖地間近。キャンピングカーが多くなる。ゲートはもうすぐだ。

SEQUOIA

セコイア国立公園

本部：Ash Mountain 47050 Generals Hwy.,
　　　Three Rivers CA 93271　559-565-331
　　　http://www.nps.gov/seki/index.htm
設立：1890年9月25日
広さ：865,257エーカー（キングスキャニオン国立公園含む）
入場料：クルマ10ドル、徒歩・自転車・バイク5ドル/人（1週間）

樹齢2000年を超える偉大なる樹とともに過ごす

　巨木、古木に接すると無意識のうちに敬意を表していることがある。松や欅の堂々とした存在の前でぴたりと足が止まったことは何度もある。アメリカで言えばサワロ、そしてセコイアは強いパワーを感じる樹だ。

　セコイアは「世界最大の生き物」と称される。では、何をして世界最大かと言えば、その体積。有名なシャーマン将軍の木 General Sharman Tree は、高さ83.8メートル、根元の周囲31.3メートル、重さ1385トン、体積1486.6立方メートルというスペックを持つ。数字を並べられてもピンとこないが、その前に立てば大木の持つ"凄味"を即座に体感できる。

　セコイアはとても特殊な樹だ。巨大さ、長寿の一面とは裏腹の命の脆さを抱えている。セコイアが生息するのはシェラネバダ山脈の西側斜面のみ。それもキングス川とカウイア川に挟まれた南北410キロの地帯のみ、標高は1300〜2300メートルに限定されている。

　1年を通して適量の水が必要で、森の中のメドウ（自然の草原）の周囲にだけ生きることができる。地表付近の雨水を素早く得るため、根は深く潜らず浅く広く張る。ところが2000年以上も生きていると、その間に地形や水の流れの変化がしばしば起こる。周囲の土が乾くと、根が浅く安定の悪いセコイアは自重でバランスを崩し崩落してしまうという。

　これまでの最高樹齢は3500年とされているが、セコイアに寿命はないという説がある。セコイアが死ぬのは、崩落、落雷、人間による伐採の3つの理由のみ。つまり自然死はないというのだ。もし、それが本当なら人間が求めて止まない永遠の命をすでに得ていることになる。

　倒れたセコイアはタンニンを多く含むため腐りにくい反面、繊維質が脆く建材には向かないとされている。倒れた幹はその反動で粉々に崩れ

てしまうのだ。切り倒してもせいぜいマッチかフェンスの杭にしかならない。

　一方、仲間のレッドウッドは70〜110メートルと世界一背の高い木。樹齢は1000〜2000年。主に北カリフォルニアの西海岸に育ち、こちらは硬く建材に向く。サンフランシスコの町は大量に伐採されたレッドウッドによって建設された。

　さて、セコイア国立公園であるが、ヨセミテとデスバレーの間に位置し、1943年からは隣接するキングスキャニオン国立公園と同じ管轄になったため、セットで紹介されるケースが多い。シェラネバダの深い森を縫う合計800マイルのトレイルは、静かで歩くほどに気持ちがいい。これこそ究極の森林浴だ。

　最寄りの大きな町はフレズノになるが、サンフランシスコ、ロスアンジェルスを起点と考えたほうが分かりやすいだろう。ロスアンジェルスからビサリア経由でアッシュマウンテン・エントランスまで約200マイル。5時間ほどで到着する。

　前述のシャーマン将軍の木は、ロッジポール・ビジターセンターの近くにあるため、気軽に立ち寄るだけのビジターも多いようだ。公園の東端には北米最高峰（アラスカを除く）4418メートルのホイットニー山が聳える。この山に園内からエントリーする登山ルートもある。

　おすすめしたいのは、モノロックからクレセントメドウへの4.6マイルのトレイル。花崗岩の山とセコイアに出会えるメドウは夕焼けが特に美しい。半日ほど時間を割くことができれば、ヨセミテとは違ったシエラの良さを満喫できるはずだ。

　レンジャーと行く無料のガイドツアーでは、偉大なる木を前にさまざまなセコイアに関する話を聞くことができる。園内にはジャイアントフォレスト博物館もある。こちらの充実した展示も、ぜひ見ていただきたい。

行き方　　　　　　　　　　　　　　　　　　　　　How to get there

サンフランシスコ、ロスアンジェルスからレンタカーで行くルートがいい。もしも、ヨセミテへの旅を検討している方は、ぜひ美しいハイウエイUS395を使って寄り道でもいいから訪ねてほしい。

適した季節　　　　　　　　　　　　　　　　　　　　When to go

春から秋にかけてがおすすめ。11月以降は雪の季節となる。逆にジャイアントフォレストでクロスカントリースキーを楽しみたい方は、冬にサービスがある。

予約　　　　　　　　　　　　　　　　　　　　　　　How to reserve

公園内のホテルは2か所。Wuksachi Lodge、Bearpaw High Sierra Camp。170－350ドル（http://www.nps.gov/seki/planyourvisit/lodging.htm。キャンプ場は7つ。Lodgepole以外は予約を受け付けていない。12－20ドル。

セコイア全体マップ

Sequoia Whole Map

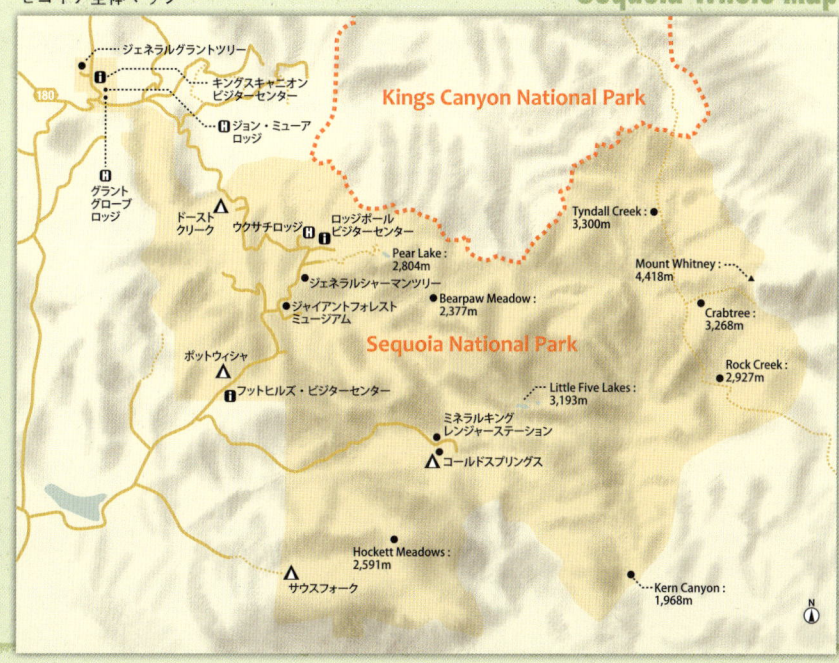

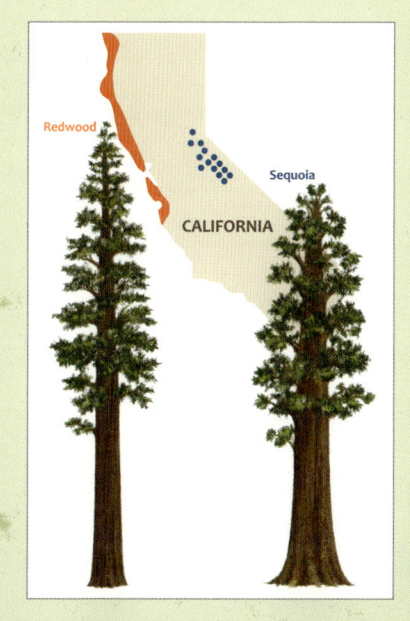

Kings Canyon National Park

- ジェネラルグラントツリー
- キングスキャニオンビジターセンター
- ジョン・ミューアロッジ
- グラントグローブロッジ
- ドーストクリーク
- ウクサチロッジ
- ロッジポールビジターセンター
- Pear Lake : 2,804m
- ジェネラルシャーマンツリー
- ジャイアントフォレストミュージアム
- Bearpaw Meadow : 2,377m
- Tyndall Creek : 3,300m
- Mount Whitney : 4,418m
- Crabtree : 3,268m

Sequoia National Park

- ポットウィシャ
- フットヒルズ・ビジターセンター
- ミネラルキングレンジャーステーション
- コールドスプリングス
- Little Five Lakes : 3,193m
- Rock Creek : 2,927m
- Hockett Meadows : 2,591m
- サウスフォーク
- Kern Canyon : 1,968m

Redwood / Sequoia / CALIFORNIA

セコイアとレッドウッドはよく比較される近縁種だ。学名はセコイアが*Sequoiadendron giganteum*、レッドウッドが *Sequoia sempervirens*。ともにカリフォルニアを代表する樹だが、セコイアはシエラ山脈の西斜面、それもごく狭いエリアだけに生きるのに対し、レッドウッドは海岸エリアに広く生息する。セコイアの幹も枝も太い。特に山火事に耐えるため、シナモン色の樹皮は分厚く硬い。一方のレッドウッドはすらりと高く、一般的な針葉樹の姿をしている。セコイアは体積で世界一、レッドウッドは高さで世界一と認められている。

	レッドウッド	セコイア
高さ	367.8フィート	311フィート
樹齢	2000年	3500年
重さ	720トン	1400トン
樹皮の厚さ	31センチ	78センチ
枝の直径	1.5メートル	2.4メートル
幹の直径	6.6メートル	12メートル
種の大きさ	トマトの種ほど	オートミルほど
松毬の大きさ	鶏の卵ほど	大きなオリーブほど

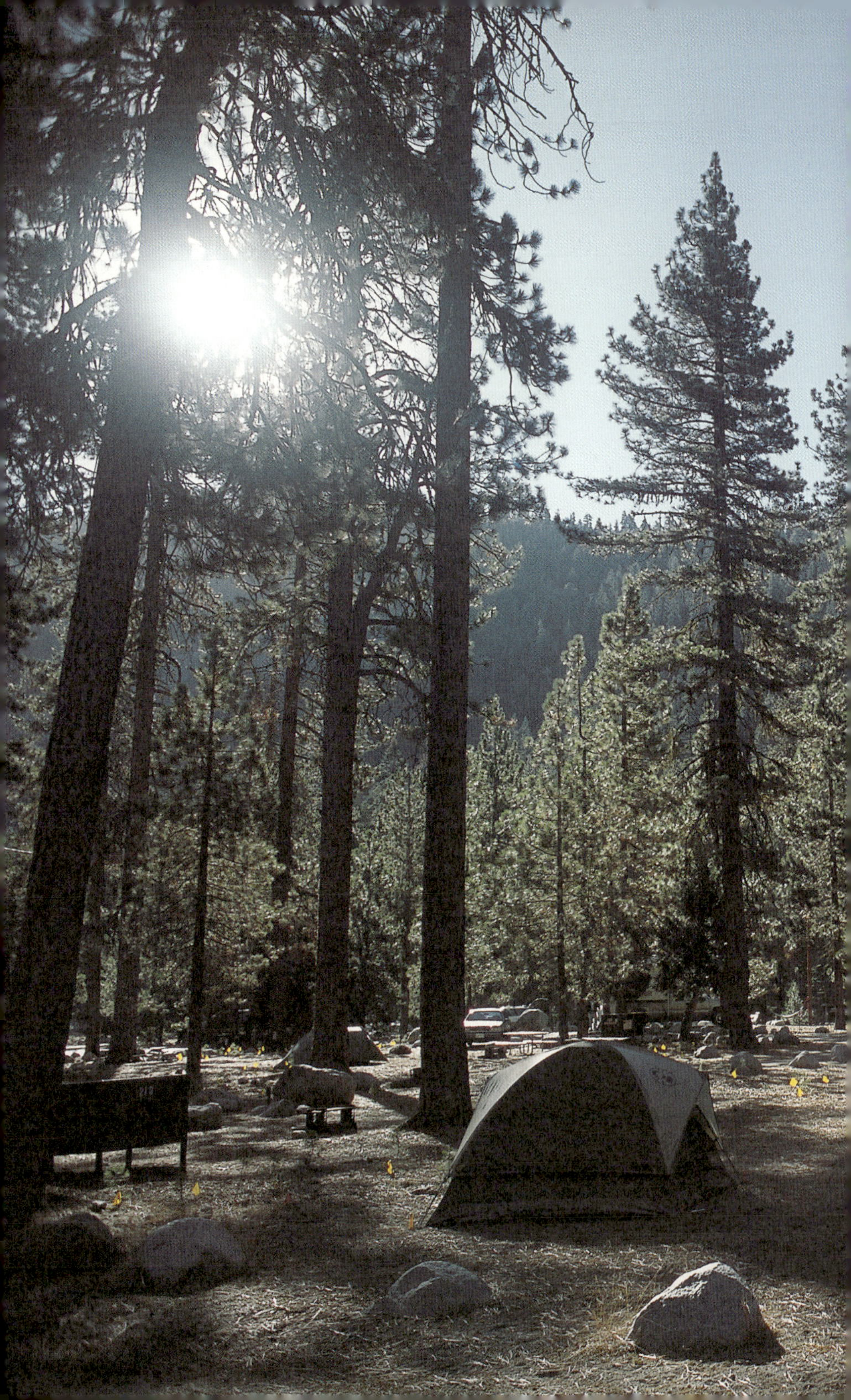

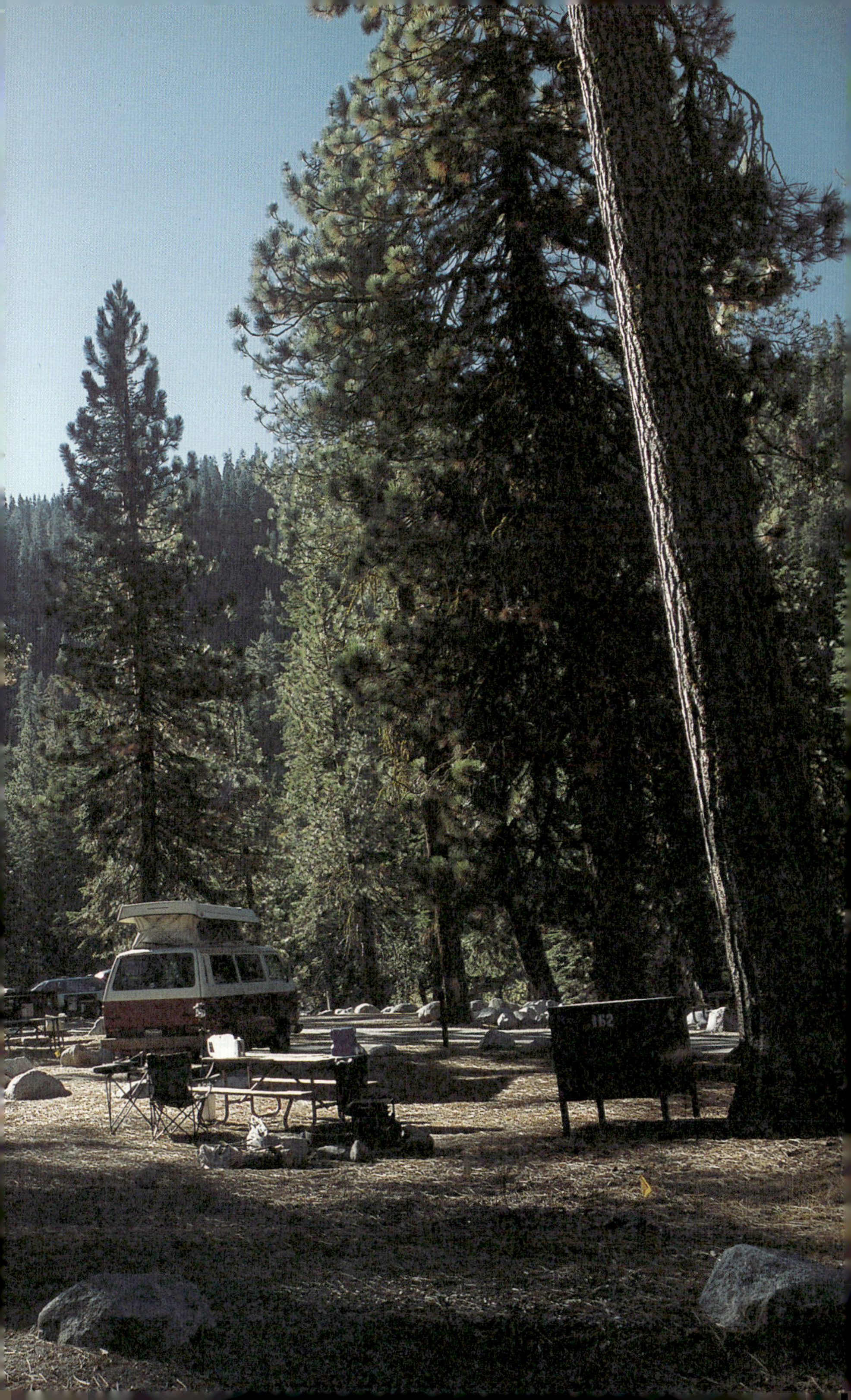

僕のセコイア滞在記
My stay in Sequoia

深い森のキャンプ場で
人生を振り返った日々

　2002年秋、ぼくは一人、シエラを目指していた。目的地はセコイア国立公園だ。アメリカ国立公園を放浪する旅も2年目に入り、見よう見まねの初心者から愛好家の域に入りかけていた。ファイアリングを使ってのキャンプファイアも上手に火を調整できるようになったし、野外料理のレパートリーも増えた。装備もいつの間にか充実し、テントにも年季が入ってきた。

　さまざまな自然を訪ねるうちに、いつしかぼくは自分の名前の中に"森"があることを意識し始めていた。きっと自分が一番気持ちよく生きられる場所は森なのではないかと考え始めた。そのとき気になったのが2000年以上生きるセコイアと、その森だった。資料を読み漁るうちに行きたくて仕方なくなってしまったのだ。

　公園に人はまばらだった。予約もしなかったがロッジポールキャンプグラウンドにすんなりチェックイン。リラックスした滞在をスタートさせた。

　果たして、初対面のセコイアに、ぼくはすっかり惚れ込んでしまった。その堂々とした姿、雰囲気、色、独特の針葉樹の香り。まさに自分を信じて2000年生きてきた重みがずっしりと伝わってくるのだった。

　レンジャープログラムに参加すると、ますますセコイアへの愛は深まった。5センチほどの松ぼっくりから放出される種は、わずか4ミリ。そこからあの巨体が生まれ2000年も生きるのだ。命の深遠さに敬服せざるを得なかった。

　国立公園内では薪集めが禁じられているところが多いが、セコイア国立公園はそれが許されていた。毎朝、早朝に起きると散歩がてら薪を集める。そして、朝食、読書、トレイル歩き、昼寝、読書、料理、キャンプファイア、ランタン点灯、食事、ビール、読書。何でもない森の生活がこれほど快適とは思ってもみなかった。それもきっとセコイアとともに過ごしているからだろう。5日間の素晴らしい滞在の最後にメドウのセコイアたちに再会を誓い、ぼくはゆっくりと森を後にした。

山火事に耐える30インチの樹皮がセコイアの長寿を支える。

メドウの際に聳えるセコイアの大木。狭いエリアにしか見ることのできない貴重な景観だ。

国立公園制定は1890年9月、イエローストーンに次ぎ二番目に古い。

自然保護、国立公園を生んだ
ジョン・ミューア

Column 1

John Muir & Yosemite

晩年のジョン・ミューアとヨセミテ渓谷。

放浪の末、ヨセミテに住み着く

　国立公園の父、ジョン・ミューア（1838-1914）はスコットランドに生まれ、11歳の時に家族でウイスコンシン州に入植した。いつしか自然の美しさに魅了されたジョンは、カナダ放浪を経て1867年にアメリカ南部に旅立つ。驚くべきは、そのスタイル。ケンタッキー、テネシー、ジョージア、フロリダと、なんと植物採集をしながら1000マイル以上も歩き通したのだ。食料はビスケットを食べつないだと伝えられている。

　ジョンの目的地はアマゾンだったが、フロリダでマラリアにかかったことから行先をカリフォルニアに変更。1868年、初めてヨセミテへと入る。峻険な崖、豪放な滝、美しいメドウに心打たれたジョンは、ヨセミテフォールの近くに小屋を建てて住み始める。こうして自然保護という理念の第一ページに、静かに筆が下ろされた。

　1868年は、アメリカが西部開拓に大いに沸く時代だった。ある角度から見れば、西部開拓とは、「侵略」を正義と繁栄という大義名分で置き換えた行動といえる。彼らは木を見れば切り倒して建材とし、山は均して牧場とした。川は堰き止めてダムとする。そして、ネイティブたちを追い払って町を作った。そのころ、ジョンは不気味な斧の音を遠くに聞きながら、シエラネバダの森を数千マイルにわたり歩き続けていた。

語り尽くせない多大な功績

　開拓の靴音はすぐにヨセミテにも届いた。手つかずの自然を守るために、ジョンは地質学、植物学をテーマに孤軍、戦いを挑んだ。新聞に記事を書き、講演を行った。しかし、圧倒的に分は悪かった。当時、開拓を悪と思う人などいなかったのだ。
　それでも、次第に賛同者は増えていく。1889年、ヨセミテ国立公園構想を発表、翌年成立。自然保護の考えが次第に認められていく。1892年、自然保護・野外活動団体「シェラクラブ」発足し、ジョンは初代会長に就任した。1894年、初めての著書「カリフォルニアの山々」を上梓。1903年、ルーズベルト大統領と二人きりの、歴史的ヨセミテキャンプが実現した。
　ジョンはとても控えめな人物だった。シェラクラブの会長も周囲に強く推されての就任だった。しかし、亡くなるまで会長として止まり、グランドキャニオンはじめ多くの国立公園の制定に尽力した。
　ジョン・ミュールトレイルは、踏破に20日以上かかるハイシエラに伸びるハイカー憧れの道だ。その爽やかで厳しい行程は、彼の名を冠すにふさわしいと聞く。いつか恩人を慕う気持ちで歩いてみたい。

ナチュラリストだったセオドア・ルーズベルト大統領と4日間を過ごした、有名なヨセミテキャンプ。

DEATH VAL

デスバレー国立公園

本部：Visitor Cenr, Calif. 190, P.O.Box 579
　　　Death Valley, CA 92328 760-786-3200
　　　http://www.nps.gov/deva
設立：1994年10月31日
広さ：3,400,000エーカー
入場料：クルマ20ドル。
　　　　徒歩・自転車・バイク10ドル/人（1週間）

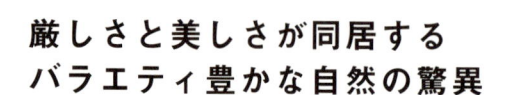

厳しさと美しさが同居する
バラエティ豊かな自然の驚異

　みなさんは、デスバレーと聞いて何を想像するだろうか？　カサカサに乾いた砂漠？　灼熱の荒地？　確かにデスバレーには、人間の健康な営みを拒絶する厳しい環境が立ちはだかっている。しかし、そればかりではない。自然の驚異が作り出した美しい岩の造形があり、かわいい生物たちが健気に生きている。340万エーカーという、アラスカ以外では最大の面積を持つ国立公園の中にさまざまな見どころが点在しているのである。

　1849年、ゴールドラッシュの夢を追いカリフォルニアを目指していた数十人のグループが砂漠地帯に迷い込み、飢えと渇きに生死の境を彷徨った。このときに生き残った一人の男が谷を見下ろし、「Good-bye, Death Valley」と言い捨てた……。

　命名の真相は定かではないが、夏の乾燥した気候はまさに「死の谷」と呼ぶにふさわしい。これまでに記録した最高気温は134°F＝56.7℃。いくら真夏の川越が暑いといってもとても及ばない、目の眩みそうな数字だ。2001年には100°F＝37.8℃の日が連続154日続いたとか。平均気温を見ても、5月から9月までは37.8℃を軽く超える、まさに熱波地獄。年間の降雨量も50ミリほどしかない。過去にはゼロだった年もあるというから声も出ない。

　しかし、11月から2月までの冬期間には最高気温75°F＝23℃、最低気温25°F＝－3℃と一気にクールダウンする。デスバレー国立公園に生きる1000種類を超える草花にとっては、冬こそが命の時だ。少ない雨を待って美しい花が一斉に開花するのは2月〜4月。ユリやランの仲間が可憐な花をつける。また、ボブキャット、オオカミ、ビッグホーンシープなどの中型動物たちも夜を中心に活動を活発にする。

LEY

RED CATHEDRAL VIEW 1.25 ML 2.4 KM.
ZABRISKIE POINT 2.5 ML 4 KM.
GOWER GULCH LOOP 4 ML 6.4 KM.

観光にふさわしいのも、必然的にこの時期となる。その名とは裏腹に、年間100万人の観光客が自然の驚異を目の当たりにしようとやってくる。パーク内のホテルに宿泊を考えている方は早めの予約をおすすめしたい。

パークに着いたら、まずは定石通りファニークリーク・ビジターセンターへ。気候やレンジャープログラムをチェックし、地図や動植物の図鑑を手に入れよう。滞在時の注意点も教えてくれる。また、主な見どころも周囲に集まっている。

アーティストパレットは、地中に含まれるミネラルが噴出し岩を黄、赤、オレンジ、グリーンに染める不思議な地帯。デビルズゴルフコースは、岩塩の結晶と泥がメレンゲのような奇妙な造形を露呈した塩湖だ。そのほかにも日光が作る影が朝夕に美しい砂丘地帯、ストーブパイプウェルも一見の価値がある。

忘れてはいけないのが、バッドウォーター。ここは北米一標高の低い地点、－85.9メートルを体感できるスポットだ。なお、シェラネバダ山脈を挟んだわずか100マイルほどのところに北米最高峰（アラスカを除く）、ホイットニー山4418メートルがあるのも面白い。

ダンテズビューは1669メートルから0メートルのデスバレーを一望できるポイント。1600メートルの高低差といえば、グランドキャニオンに匹敵する落差だ。

アクセスはラスベガスからが便利。意外にも120マイル、2時間ほどのドライブで到着してしまう。途中にライオライトというゴーストタウンも見学できる。しかし、おすすめなのはヨセミテ、セコイヤの両有名国立公園からの"はしご"コース。シェラ山中を通る美しいUSハイウエイ395はドライブコースとしても超一級だ。

行き方　　　　　　　　　　　　　　　　　How to get there

ラスベガスから約120マイル、2時間。ロスアンジェルスからだとI-5からハイウエイ経由で約300マイル、約6時間。本文中にもある通り、セコイヤ、ヨセミテとセットで回ることもできる。

適した季節　　　　　　　　　　　　　　　　　When to go

夏の暑さは過酷。気候がマイルドになる冬～春に訪ねたい。ベストシーズンは11月～4月。

予約　　　　　　　　　　　　　　　　　How to reserve

公園内のホテルは3カ所。Furnace Creek Inn（夏季休業）、Furnace Creek Ranch、Stovepipe Well Village Motel。115～425ドル。http://www.nps.gov/deva/planyourvisit/lodging.htm
キャンプ場は9か所。予約ができるのはFurnace Creekのみ。そのほかはファーストカムファーストサーブ。12－14ドル。公園外にもモーテルやRVパークは見つけられる。

デスパレー全体マップ

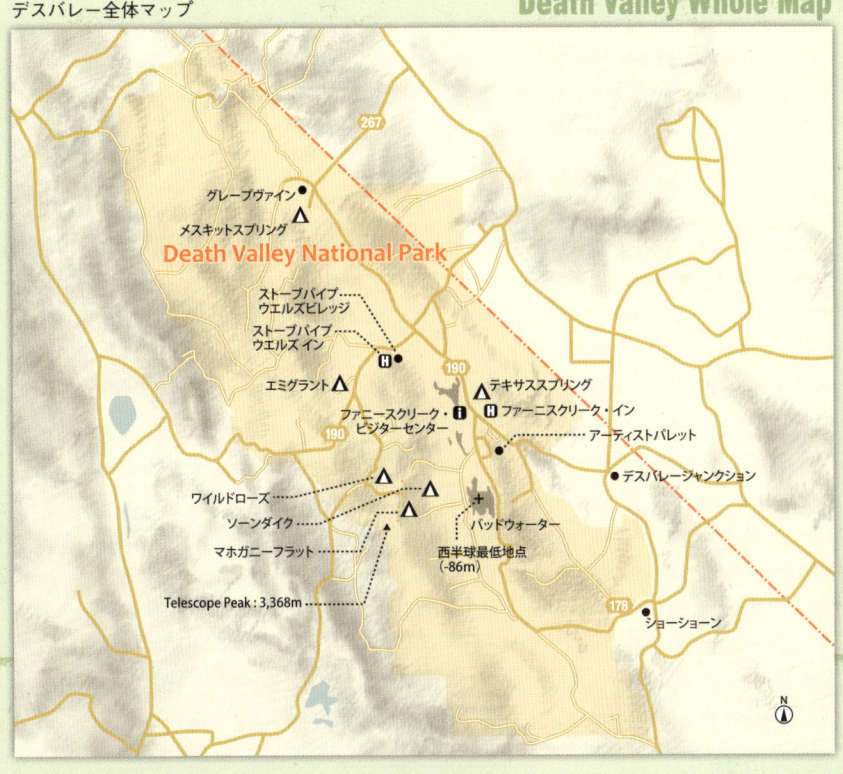

Death Valley Whole Map

Death Valley National Park

- グレープヴァイン
- メスキットスプリング
- ストーブパイプウエルスビレッジ
- ストーブパイプウエルズ イン
- エミグラント
- テキサススプリング
- ファニークリーク・ビジターセンター
- ファニークリーク・イン
- アーティストパレット
- ワイルドローズ
- ソーンダイク
- デスパレージャンクション
- マホガニーフラット
- バッドウォーター
- 西半球最低地点 (-86m)
- Telescope Peak : 3,368m
- ショーショーン

アシュフォードミルズは金鉱の遺跡。

デビルズゴルフコースの奇観。

45

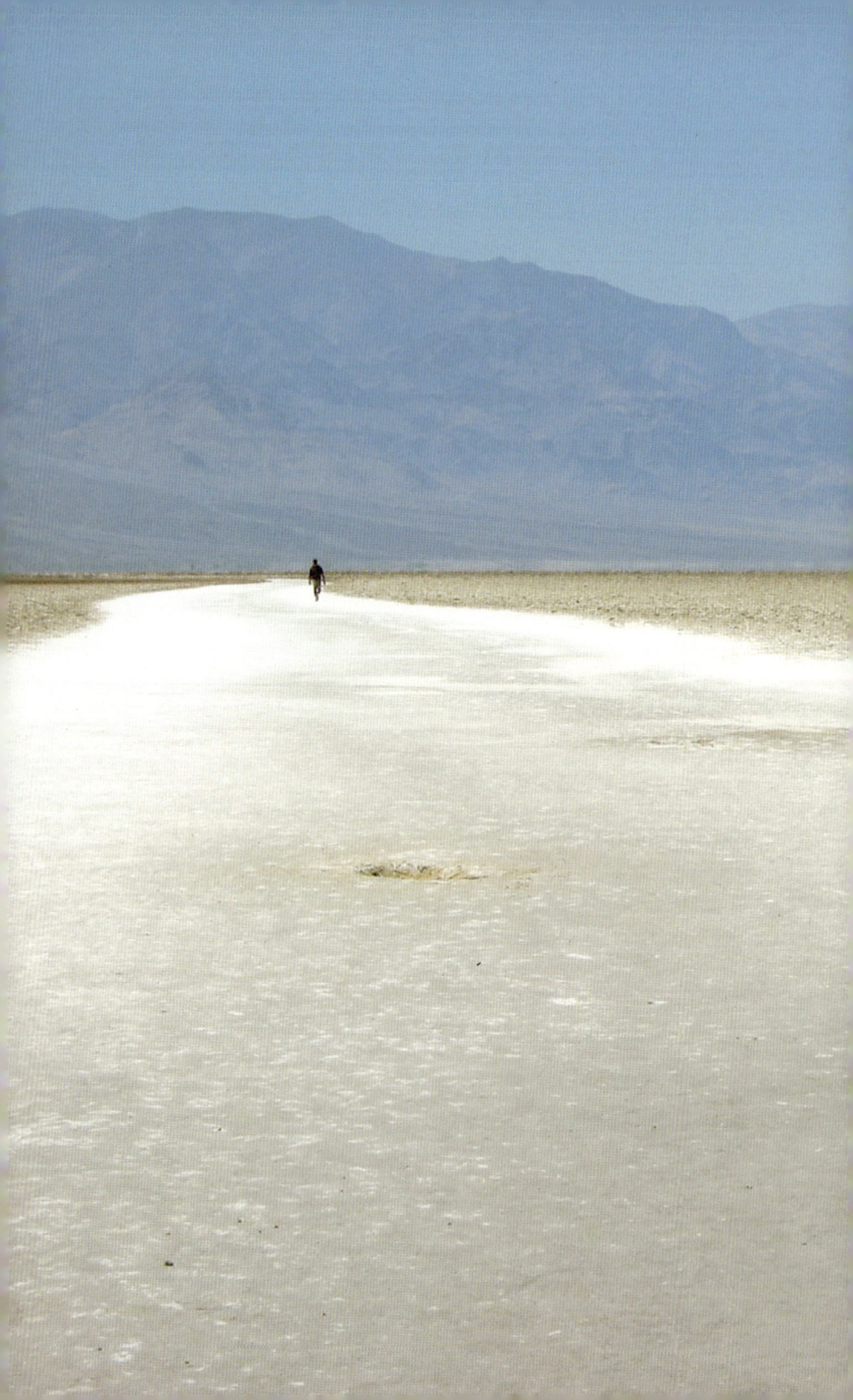

マイナス85メートルの表示がある北米最低地点。自分自身で体感してほしい。

僕のデスバレー滞在記
My stay in Death Valley NP

死の谷で見つけた極上のパラダイス

　セコイヤ国立公園で素晴らしい時間を過ごしたぼくは、一気呵成にデスバレーを目指した。シェラの山中を貫くUS395は全米でも有数の眺望の素晴らしいハイウエイだ。いつものぼくなら、真っ先にビジターセンターを目指すところだが、このときは違う計画を立てていた。愛用のキャンプ場ガイドに気になるRVパークがあったのだ。なんと温泉付き！　キャンプ場でのテント暮らしが続きバスタブに浸かりたい気持ちが募っていた。ただ、なかには日本の"温泉"とは似ても似つかない、とんでもない代物もあるので過信は禁物だ。過去に痛い目にもあっている。まずはひと目チェックしてから宿泊地を決めることにした。
　ところが、到着してびっくり。モノトーンのデスバレー（正確にはパークの外）に止まっているのは古いモデルのモーターホームばかり。歩いているのはリタイアした老人たちだ。後で分かったことだが、冬の間、北方の州から来て長逗留している人たちが集まる避寒地なのだった。
　その光景を見た瞬間、ぼくの頭にひとつの言葉が浮かんだ。「パラダイス」。こんなにやすらかな（peaceful）場所はこの世にないとすぐに確信した。パラダイスの宿泊はたったの8ドル。即金で4泊分払って逗留を決定、デスバレー観光はパラダイスを起点に行うことにした。「ビールを買うならネバダ州で買った方が安くていいわよ」と、管理室のおばちゃんからはナイスアドバイス。クルマで寂しい道を20分も走れば小さな町があるという。これはますます楽園だぞ。
　しかも、温泉がイカしている。男女別室になった裸で入れる珍しい日本スタイル。その入り口にこんな張り紙があった。「温泉が片方工事中でご迷惑をおかけします。午前と午後、2度ずつ時間を区切って男女交互に利用していただきます。ご不便をかけるので、通常5ドルの利用代金は無料にさせていただきます」
　こんな素晴らしいことがあっていいのか！　湯加減も最高。もちろん午前と午後の2回、おじいちゃんたちと裸のお付き合いを楽しんだ。ぼくのデスバレーは温泉のRVパークに尽きるのだった。

名付けてパラダイス・キャンプグラウンド。時間が止まる空間。

このハイウエイの先はネバダ州。小さな酒屋にもスロットマシンが置いてあった。

SHASTA TR

シャスタ・トリニティ
ナショナルフォレスト国立公園

本部：Shasta Trinity National Forest
　　　3644 Avtech Parkway Redding, CA
　　　96002530-226-2500
　　　http://www.fs.usda.gov/stnf
設立：1954年
広さ：2,209,832エーカー
入場料：無料

霊験あらたかなツインピークを擁する
静かなるパワースポット

　シャスタ・トリニティは200万エーカーを超える広大なナショナルフォレストだ。これはヨセミテの3倍、あの偉大なイエローストンに匹敵する雄大さとなる。1905年にセオドア・ルーズベルトによってシャスタNFとトリニティNFが設立された後、1954年に統合されて現在の組織となった。

　中心に位置するシャスタ山はカスケード山脈の南端、シェラネバダ山脈とのちょうど境目に聳える標高4322メートルの高峰。周辺には4000メートル級の山々が連なりラッセン火山国立公園もある、まさに北カリフォルニアを代表する大山岳エリアだ。ところが不思議なことに麗峰の知名度は登山家よりも若い女性たちに高い。理由はシャスタがアリゾナ州セドナと並ぶ"パワースポット"だからである。

　シャスタ周辺は、古くからシャスタ族、カルク族などネイティブアメリカンの祈りの場だった。いまでも毎年、シャスタ中腹のパンサーメドウズでは、ネイティブたちによる「山明けの儀式」が行われる。

　滞在の中心となるのはマウントシャスタシティ。サンフランシスコからI-5を飛ばせば4-5時間ほどで到着するアクセスの良さも、日本人観光客にとってはメリットだ。日本から申し込める各種ツアーは当然便利だが、できることならレンタカーの利用をおすすめしたい。パワースポットだからこそ、大勢で移動するよりも自分の力で歩いてほしい。

　シティはクルマなら数分で通り抜けてしまう小さな町。しかし、この町から望むシャスタ山のツインピークスこそ、霊験あらたかなパワースポットの象徴といえるのではないだろうか。ぼくは春と冬の二度訪れる機会に恵まれたが、特に雪に覆われた冬の姿に心を奪われた。朝日を受ける頂、青空に光を撥ねる美しさ、そして澄んだ夜空に消えていく夕暮

INITY

れの幻想。この山の麓での暮らしを想像するだけでゾクッとする。霊感ゼロのぼくでさえ感動するのだから、ビンビン感じる人が見たら卒倒してしまうかもしれない。

シャスタシティを起点する日帰り圏の見どころはバラエティに富んでいる。滝、湖、温泉、キャンプ場、レクリエーション施設。その気になれば、4322メートルのサミットを極めることも可能だ。

ぼくがシャスタが好きな理由は、すべての場所に共通する静けさ。混雑や喧騒と無縁の落ち着きは、得も言われぬ心地よさなのだ。逆にいえばワクワクする興奮に乏しいと感じる人もいるだろう。派手な看板のお土産屋もない。ゆっくりとコーヒーを味わいながらその日のスケジュールを吟味する旅のスタイルこそ、シャスタ滞在にふさわしい。

ところで、シャスタがパワースポットと言われるようになったのは、いつの頃からなのだろうか。……この地に特殊なパワーを見出したのは、スピリチュアルグループ IAM ファウンデーションのエンジニア、ガイ・バラード氏だといわれている。彼は1930年にこの地を訪れ、神の導きでメドウを散策した。そのときひとりのハイカーに遭遇し、その人物から教えの言葉を受けた。男はセント・ジャーメインと名乗りいくつもの異なった時代に姿を現しては人類愛を説いている、と語った。しかし、再会を約束した数日後、そこに現れたのは一頭の豹だった。バラード氏は恐怖に震えたが、次第に体の中に愛があふれその危機を克服することができた。ところが、その事件はセント・ジャーメインによって課された勇気のテストだった。バラード氏はその体験を広く伝える決心をし、その草原をパンサーメドウズと名付けた。ぼくがシャスタに感じる静けさ。それもスピリチュアルな体験の一端なのかもしれない。

行き方　　　　　　　　　　　　　　　　How to get there

サンフランシスコからクルマで行くのが一般的。I-5をひたすら北上、約300マイル。朝の便でSFに到着すれば、夕方には憧れのシャスタシティに入れる。数人の仲間がいるならキャンピングカーをレンタルしてシャスタ山を間近に眺めるキャンプ場に宿泊するのがベスト。トラベルデポなら日本語で予約できるうえ、旅行の計画も相談に乗ってくれる（http://motor-home.net/）。

適した季節　　　　　　　　　　　　　　　When to go

ナショナルフォレストは国立公園とは違うので冬期間もゲートが閉まったりする心配はない。しかし、何しろ4000メートル級の山岳地帯なので11月以降は雪に対する覚悟が必要。やはり草原がきれいなシーズンに行きたい。ベストシーズンは6月～9月。

予約　　　　　　　　　　　　　　　　　How to reserve

周辺のキャビン、キャンプ場の予約はこちらから（http://www.fs.usda.gov/activity/stnf/recreation/camping-cabins）。1泊10～50ドル。一般的なモーテルもシティにあるがあまり多くない。事前に予約していくほうが無難。

シャスタ・トリニティ全体マップ / Shasta Trinity Whole Map

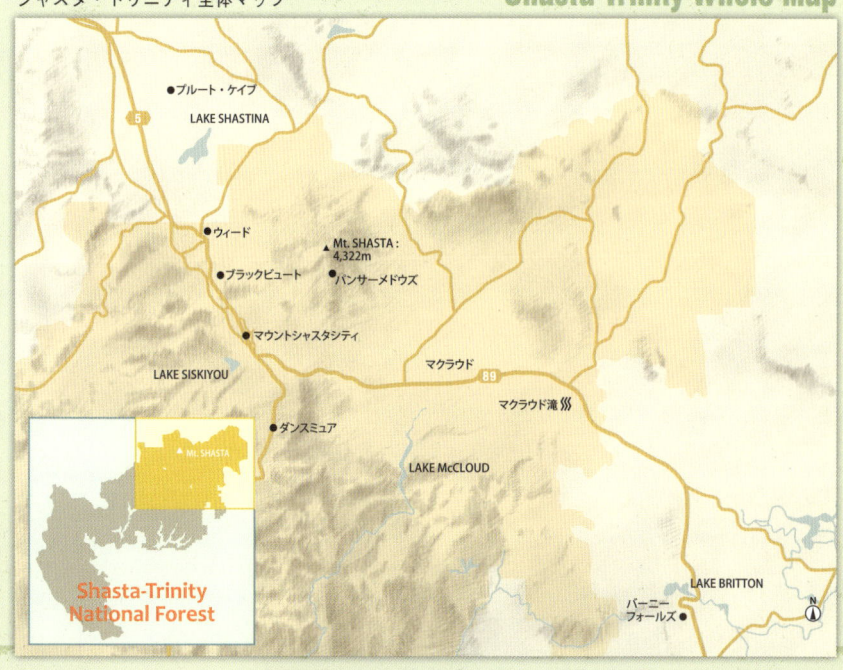

- プルート・ケイブ
- LAKE SHASTINA
- ウィード
- ブラックビュート
- Mt. SHASTA: 4,322m
- パンサーメドウズ
- マウントシャスタシティ
- LAKE SISKIYOU
- マクラウド
- ダンスミュア
- マクラウド滝
- LAKE McCLOUD
- LAKE BRITTON
- バーニーフォールズ

Shasta-Trinity National Forest

モスブレー滝の清水。

トレイルの先に現れた、かわいいハート型のハートレイク。

ワインディングロードを上り詰め、登山口に到着。

シャスタ・トリニティ NF の楽しみ方　　How to visit

ナショナルフォレストは連邦政府の管轄に置かれる保護森林地域。国立公園のようにゲートがあって完璧に国に管理されている施設とは違う。したがって、宿泊施設、レストラン、レクリエーション施設、各種ツアーなどは、基本的に民間経営を利用することになる。

せっかくシャスタまで行くのなら、日程には余裕を持って臨みたい。次はどこ、次はどこの忙しいツアーでは、最も肝心なものを見落としてしまう。

まずはセオリー通りに町のビジターセンターへ。ここで地図やパンフレットなどを入手する。また、必要に応じてヒーリングツアーなどの情報を集めるのもいいだろう。もしも宿泊の予約がまだなら相談してみたい。こじんまりしたビジターセンターは居心地がいい。

パンサーズメドウへはシティからクルマで30分ほどシャスタ山を登り、トレイルへと入る。草原と小さな流れ、そして美しい花々は訪れる価値が十分にある。足元を流れる小川が大穀倉地帯、サクラメントバレーを潤す大河の源泉かと思うと感慨深い。やはりここは特別な場所だ。

そのほか、"地球の子宮"と形容される洞窟・プルートケイブ、家族で楽しめるレクリエーションの中心・シスキュー湖、レースのカーテンのように流れ落ちるモスブレー滝、癒しの温泉・スチュワートミネラルスプリングス、瞑想ポイント「賢者たちの岩」を擁するキャッスルクラッグス、トレッキングに最適なハート型のかわいいハートレイクなど、見どころは多い。ただし、標識などが少なく分かりにくいので現地の地図が役に立つ。もちろん公共の交通機関は頼れない。

健脚自慢ならマウントシャスタ山頂へのトレッキングもおすすめだ。途中のホースシューキャビンは、日本の登山家たちが建設に協力した縁の山小屋。かなりのところまでクルマで行けるので、4322メートルの山頂はそう遠くない。

INITY

シャスタ山の象徴、ツインピークス。雪を頂く風景は霊験あらたか。

木製のクラシックなヨットを下ろすファミリー。

レイクシスキューの居心地のいいキャンプ場。

山小屋からは山頂が近くに見える。数時間で登頂可能とか。

山頂に近いトレイル。針葉樹の香りがさわやかだ。

パンサーメドウで見つけたキャンプ場。次回はここ！

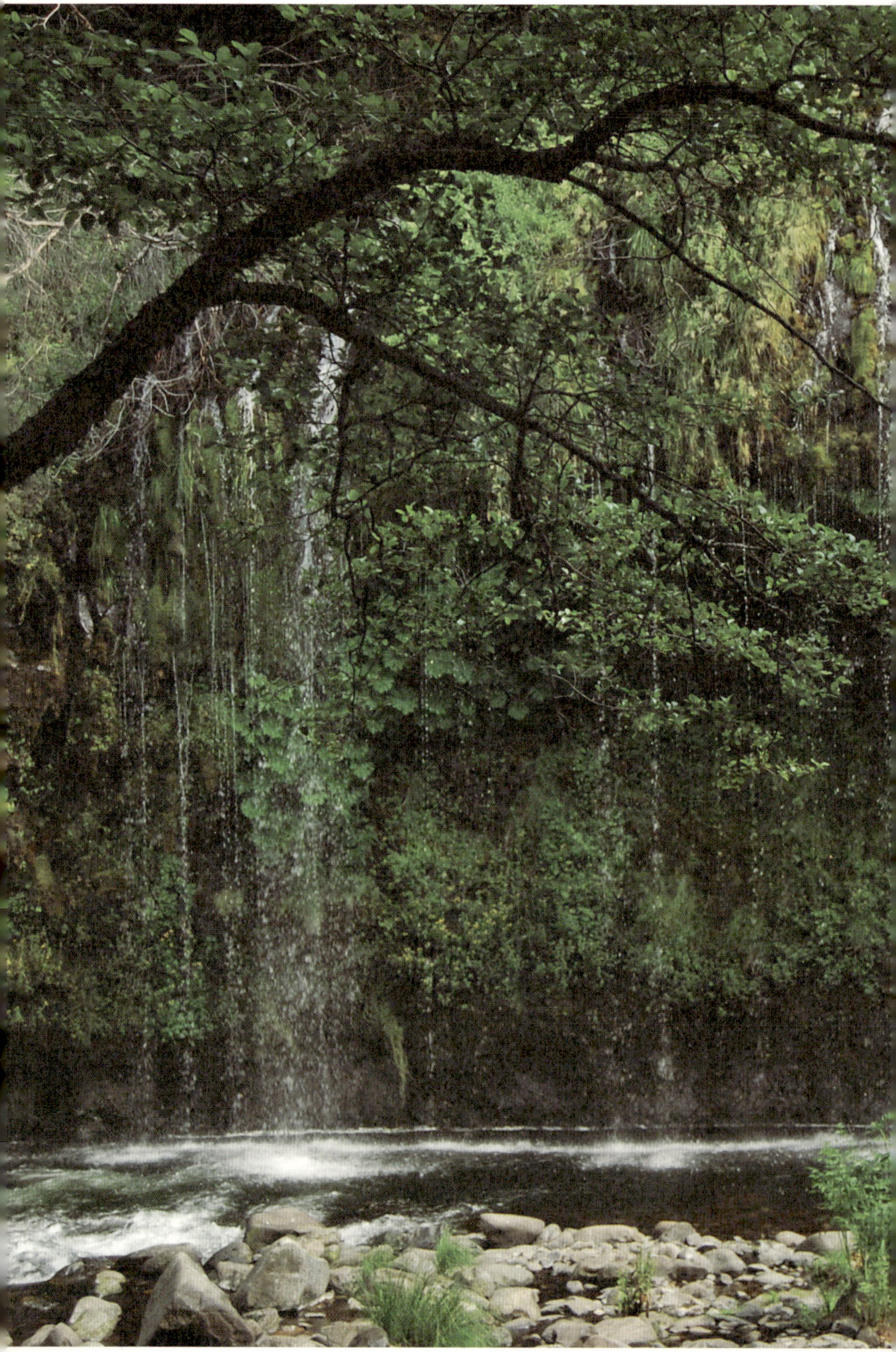

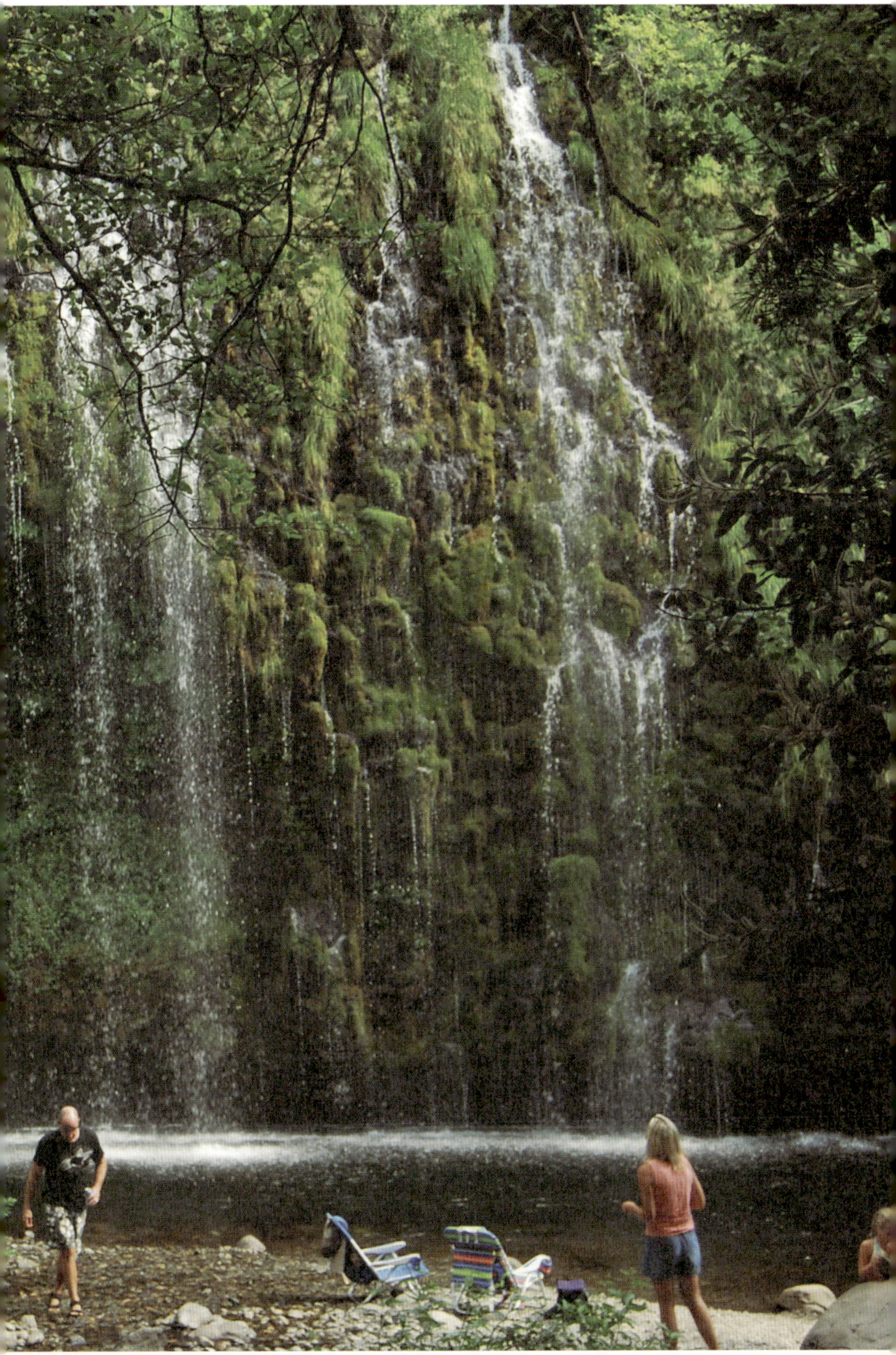

僕のシャスタ滞在記
My stay in Shasta

パワースポットの冷たい水

　初めてシャスタに行ったのは、2003年だった。確か10月後半のとにかく寒い日だった。
　マウントシャスタシティに入り、モーテルを探して国道沿いを走る。本当はキャンプ場に滞在するのが希望だったが、あいにくと雨模様。テントを建てるぼくのスタイルは悪天候にめっぽう弱い。こういう日はモーテルでたっぷりのお湯を使った食器洗いや洗濯、自分自身のシャワーに充てると決めている。しかもこの天気じゃ、肝心の山も見えない。
　なかなかモーテルがないな、町はずれまで来ちゃったと思っていると、ありました！　チェーン店ではない地元経営の一軒。今日はここにチェックインしよう。さらに気温が下がって氷雨になってきた。
　クルマを止めて外に出ると、文字通り凍える寒さだ。しばらくすると、本降りの雪となった。カリフォルニアは常夏だと考えている人がいるが、それは誤りである。南カリフォルニアの夏でさえ、日が落ちるとパーカーのフードを被りたいことがある。ましてやカスケード山脈の中腹に来ているのだ、寒くて当然だ。
「本当はキャンプ場にチェックインしたかったんだけど」と言うと、「何、言ってるの？　全部雪の中だよ」と、モーテルの親父に一蹴された。
「パンサーメドウズも？」
「無理だね」と、そっけない。
　そうなのか。どうしよう。部屋で翌日の作戦を練り直していると、ありました！　スチュワートミネラルスプリングス。温泉である。しかもネイティブアメリカンに発見された世界有数の癒しの湯だという。これほど今のぼくにぴったりのスポットはない！　決定！
　翌朝、天気は回復、青空が気持ちいい。モーテルの親父に温泉の行き方を聞く。教えてはくれるが、「本当に行くの？」と水を差す。どうやらそっけないのは、彼の持って生まれた性格らしい。
　小さなサインを辿りながら、なんとか現地に到着。こんもりした森の中に木造の小屋がちらりと見える。雪かきをしたばかりの轍を踏みなが

ら慎重に降りていく。う〜ん、まさに隠れ家。雪見酒とはいかないだろうが、雪の森を見ながらパワースポットの露天風呂とは贅沢だぞ。自然と心が弾む。
　小屋に入るとアロマのいい香りがお出迎え。金髪のきれいなお姉さんが笑顔でシステムを説明してくれる。
「まず、個室のバスタブに入っていただきます」
「えーと、裸で？」不安げなぼくに、「はい、そうです」と、お姉さんがにっこり。それまでにも海外の温泉やサウナに入ったことはあったが、すべて水着などの着用が定められていた。日本式の裸で入る温泉は珍しい。
「その後でこのバスタオルを巻いて、こちらのクリークに浸かります」
　ちょっと待て。クリークに浸かれっだて!?　どう見ても凍っているぞ！　温泉じゃない。ただの雪の川だ。こんなところに浸かれるのか!?
「はい、ネイティブたちに伝わるパワー漲るクリークです」
「本当に？」「ええ」「どうしても？」「はい」押し問答は言葉の下手な方に分が悪い。よく考えればスチュワートミネラルスプリングスだ。ホットスプリングスではない。
　それから15分後、ぼくは全裸同然で凍った川に浸かった。冷た〜い！
　心の底からの悲鳴が極寒の渓谷に響いた。いや、正確には悲鳴は響かなかった。あまりに寒くて声が出なかったのだ。

それから５年後の７月、ぼくは長い旅行の最終地にシャスタを選んだ。あのときに叶わなかった数々のスポットを訪ねるために。そして、あのツインピークスにもう一度会うために。あの日、凍った川から息も絶え絶えに脱出したぼくは、マウントシャスタシティに戻り霊峰の夕景に全身を震わせたのだった。それは辛い思いをすべて忘れるほど美しかった。
　２度目のシャスタ滞在は完璧だった。レイクシスキーユリゾートのキャンプ場を確保、夜明けから日没まで山を眺めて過ごした。ボートを借りてフィッシングにも挑戦。きっちり結果も出しました。
　そして、ついに達成したパンサーメドウズの散策。草を踏み、小川に手を触れる。どこまでも透明な流れが掌で翻る。ここでは時間の制約はご法度だ。心の向くまま自然体で過ごすに限る。なお、メドウ近くにのんびりしたキャンプグラウンドを発見。クルマを駐車スペースに止めて徒歩で入るウォークインスタイルなので、テントを持っている旅人にはぜひおすすめしたい。さらに高山地帯の登山トレイルを山小屋まで歩く。霊山の頂上がすぐそこに見えた。ここまで来ると植物も少なく岩肌が露出している。さすがに空気も薄い。
　４日目は、モスブレー滝へ。ガイドブックに従い、サザンパシフィック鉄道の線路脇にクルマを駐車する。その日は陽射しが強く、額から汗が流れる夏の日となった。線路伝いに歩くこと20分、目印の鉄橋が見えてきたと思うと、突然、空気がひんやりと一変した。導かれるように小道に入る。微かな水の音。さらに気温が下がる。体感的には５度も違うか。緩やかな斜面。自然と足が速くなる。
　そして、ついに目の前に現れたカーテン状の水の落下。この景色をなんと表現しよう。醜い物質世界に馴らされた俗人はあっけにとられるばかりだ。もしも、今、この滝壺から人魚が現れてぼくを誘惑したとしても、きっと違和感なく受け入れられるに違いない。これぞまさに桃源郷。周辺の気温が低かったのは、滝の水が飛沫となって飛ぶからだった。
　さっそく用意していた海水パンツに着替え、水辺にアプローチする。あの滝の裏まで泳いで行けば幸せに出会える、とあるパンフレットに書いてあったからだ。しかし、ここで一瞬の躊躇。水辺は先ほどまでの夏の日が嘘のようにひんやりしている。むしろ肌寒いくらいなのだ。いったいこの水はどれくらい冷たいのだろう。５年前の悪夢が甦る。そっとつま先を水に浸す。と、脳天を突く刺激。無音の悲鳴。果たして水はあまりに冷たく、シャスタでの幸せとの邂逅は達成されることはなかった。

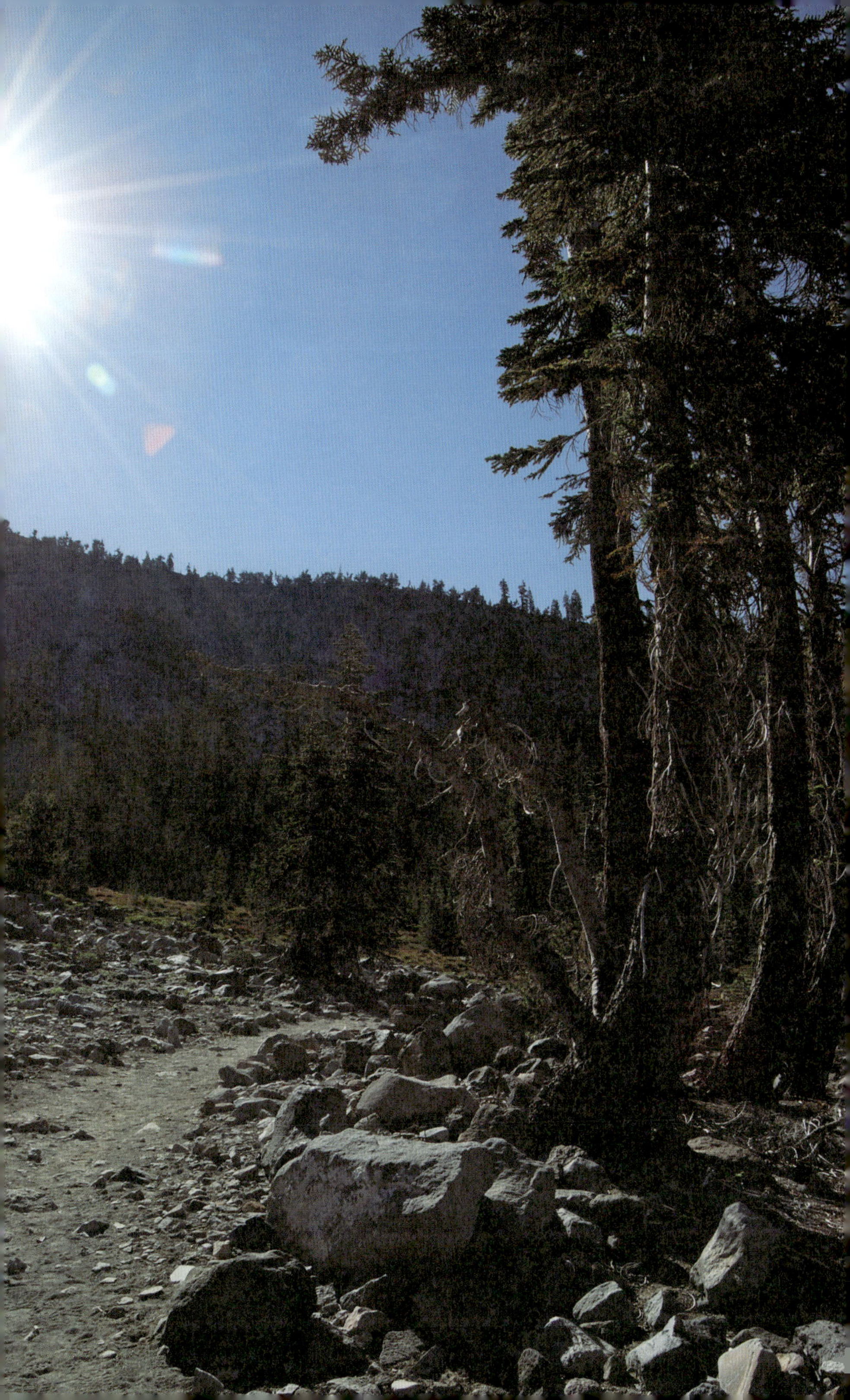

GRAND CAN

グランドキャニオン国立公園

本部：P.O.Box 120, Grand Canyon, AZ 86023
　　　928-638-7888
　　　http://www.nps.gov/grca/index.htm
設立：1919年2月26日
広さ：1,217,403エーカー
入場料：クルマ25ドル。バイク・徒歩・自転車
　　　　バス12ドル/人（1週間）

人間の小ささを実感する
深さ1.6キロの超巨大渓谷

　もしも、読者の方に「初めてのアメリカ国立公園の旅は、どこに行ったらいいですか？」と尋ねられたら、ぼくは「グランドキャニオン！」と迷わず答える。あのスケールの大きさ、素晴らしさに感動しない人は皆無と信じる。初めてサウスリムに立って谷を見下ろした時の脚の震えは、今も忘れることがない。

　グランドキャニオンは深さ1マイル（1.6キロ）、幅18マイル（28.8キロ）、長さ277マイル（443キロ）という巨大な地球の割れ目だ。1.6キロの岩の壁には18億年間に堆積した地層が露わになっている。人間が生きてきた歴史はそのなかの1センチでもない。自分の小ささを実感する瞬間だ。

　もしも、グランドキャニオンに立つ幸運に恵まれたら、日の出、日の入りの1時間はぜひとも逃さずに体験していただきたい。巨大渓谷を舞台に太陽が演出する光と影のスペクタル。これに勝るものはこの世にないと断言したい。澄み切った空気の中で繰り広げられる静寂のシーン。滑空するコンドル。何億回も繰り返されてきた最高の朝。そのたった数回でも体感した自分の幸運に、きっと感謝したくなるはずだ。

　この感動を支えているのが抜群の視界だ。通常でも100マイル（160キロ）といわれている。霧などが原因で裏切られる心配が少ないのも人気の理由の一つだ。しかし、近年はアリゾナの銅精錬工場やカリフォルニア、メキシコから汚れた空気が流れ込んでいるという。年間500万人という桁外れの観光客の影響も少なくないだろう。あの澄み切った谷が霞む日が来るかと思うと胸が痛む。手遅れにならないうちに、すぐにでも旅行の計画を立てていただきたい。

　カリフォルニアを起点にルート66などを楽しみながらキャニオンを

YON

目指すルートを推奨したいが、時間のない方は飛行機で現地に直接入る方法がいいだろう。パークゲートからわずか4マイル南のトゥシャンにラスベガスからの便がある。もっともイージーなアクセス方法だが、絶対に日帰りだけは止めてくださいね。折衷案としてフェニックスからレンタカーという手もある。これならばその日のうちに到着できる。

　公園に入れば見どころには困らない。無料シャトルバスで西側のビューポイントを回ることができるハーミットロード。代表的な日の出スポット、マーザーポイント。博物館もあるヤババイポイント。標高2255メートルと最も高いグランドビューポイントなど。13マイルのリムトレイルを歩きながら混雑のない場所を探すのもいい。

　ぼくは残念ながら（?）遭遇していないが、キャニオンのストームも凄いらしい。にわかに掻き曇った暗雲が稲妻と豪雨を豪快に撒き散らす様は、きっと思い出に残るはずだ。

　もうひとつの醍醐味は谷下へ降りるルート。ブライトエンジェルトレイルは8マイルのジグザグの道で、約1300メートル下に導いてくれる。ファントムランチなどに宿を取り1泊2日で行くのがおすすめだ。誰しも山を登る経験はあっても谷を下る経験は少ないだろう。歩くほどに気温が上がっていくのは奇妙な感じ。リムは涼しくても谷底は40度を超えることもあるので注意。大人気のミュールツアーは6か月前からの予約が必要だ。ここまでは観光の中心、サウスリムを紹介してきたが、対岸には当然、ノースリムがある。こちらは標高も300メートル高く気候がぐっと厳しい。観光客も少なく10月中旬から5月中旬まではクローズとなる。谷を下って上る健脚ツアーもあるが、クルマで行くとなると350キロほど迂回することになる。その間に橋がないからだ。ノースリムなら1920年創業の歴史あるグランドキャニオンロッジに泊まりたい。

行き方　　　　　　　　　　　　　　　　　　　　How to get there

ロスアンジェルスからクルマなら途中で1泊が必要。ラスベガス、フェニックスからレンタカーという手もある。ゲート南のトゥシャンにラスベガスから飛行機の便がある。

適した季節　　　　　　　　　　　　　　　　　　　　　When to go

サウスリムは通年、ほぼ快適に過ごせる。谷を下る予定なら夏は避けたい。40度近い気温になる。アメリカの連休などは大変な混雑になる。可能ならばウイークデイがおすすめ。ノースリムは雪のため10月中旬から5月中旬まではクローズとなる。

予約　　　　　　　　　　　　　　　　　　　　　　How to reserve

サウスリム、ノースリム、ファントムランチのホテル、キャンプ場はシャンテラ・パーク＆リゾート（http://www.xanterra.com" www.xanterra.com）で受け付けている。ホテル、ロッジは80−400ドル。キャンプ場も人気のマーザーは予約したほうがいい。そのほかはfirst come first serveだが、ベストシーズンはいっぱいになってしまう。

グランドキャニオン全体マップ

Grand Canyon Whole Map

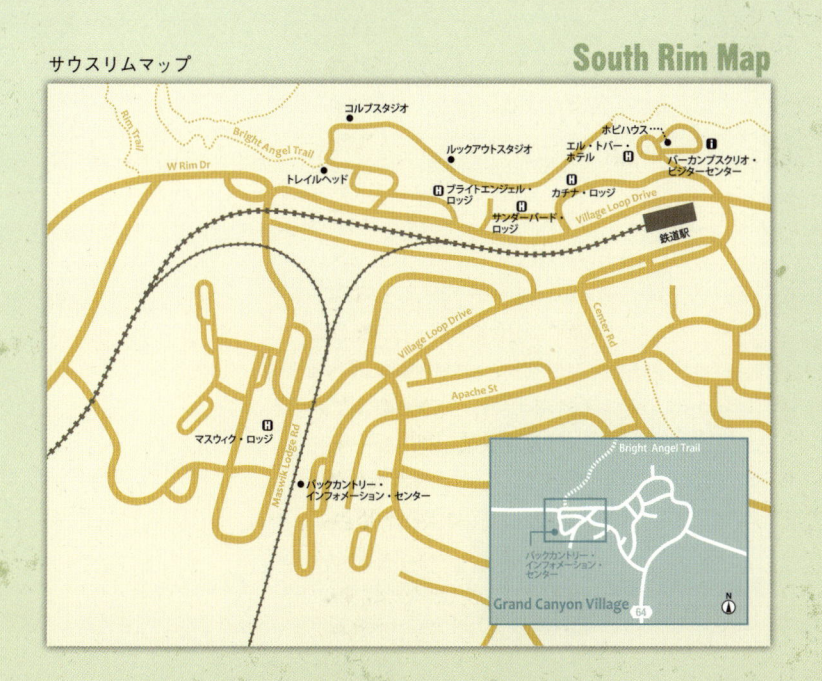

- レイクパウエル
- トリウィーブポイント
- ハバスパイ先住民居留地
- Grand Canyon National Park
- ノースリム
- グランドキャニオンロッジ
- ヤバパイ博物館
- インディアンガーデン
- ホピポイント
- ハーミッツレスト
- ブライトエンジェルポイント
- ファントムランチ
- マザーポイント
- ヤキポイント
- ヤバパイロッジ
- ポイントインペリアル
- ルーズベルトポイント
- ケープロイヤル
- デザートビュービジターセンター
- サウスリム
- Zoom Map
- グランドキャニオン空港
- トゥシヤン
- レイクパウエル モニュメントバレー
- フラッグスタッフ

サウスリムマップ

South Rim Map

- Bright Angel Trail
- Rim Trail
- コルブスタジオ
- ルックアウトスタジオ
- ホピハウス
- エル・トバー・ホテル
- バーカンプスクリオ・ビジターセンター
- W Rim Dr
- トレイルヘッド
- ブライトエンジェル・ロッジ
- カチナ・ロッジ
- サンダーバード・ロッジ
- 鉄道駅
- Village Loop Drive
- Center Rd
- Apache St
- マスウィク・ロッジ
- Maswik Lodge Rd
- バックカントリー・インフォメーション・センター
- Grand Canyon Village

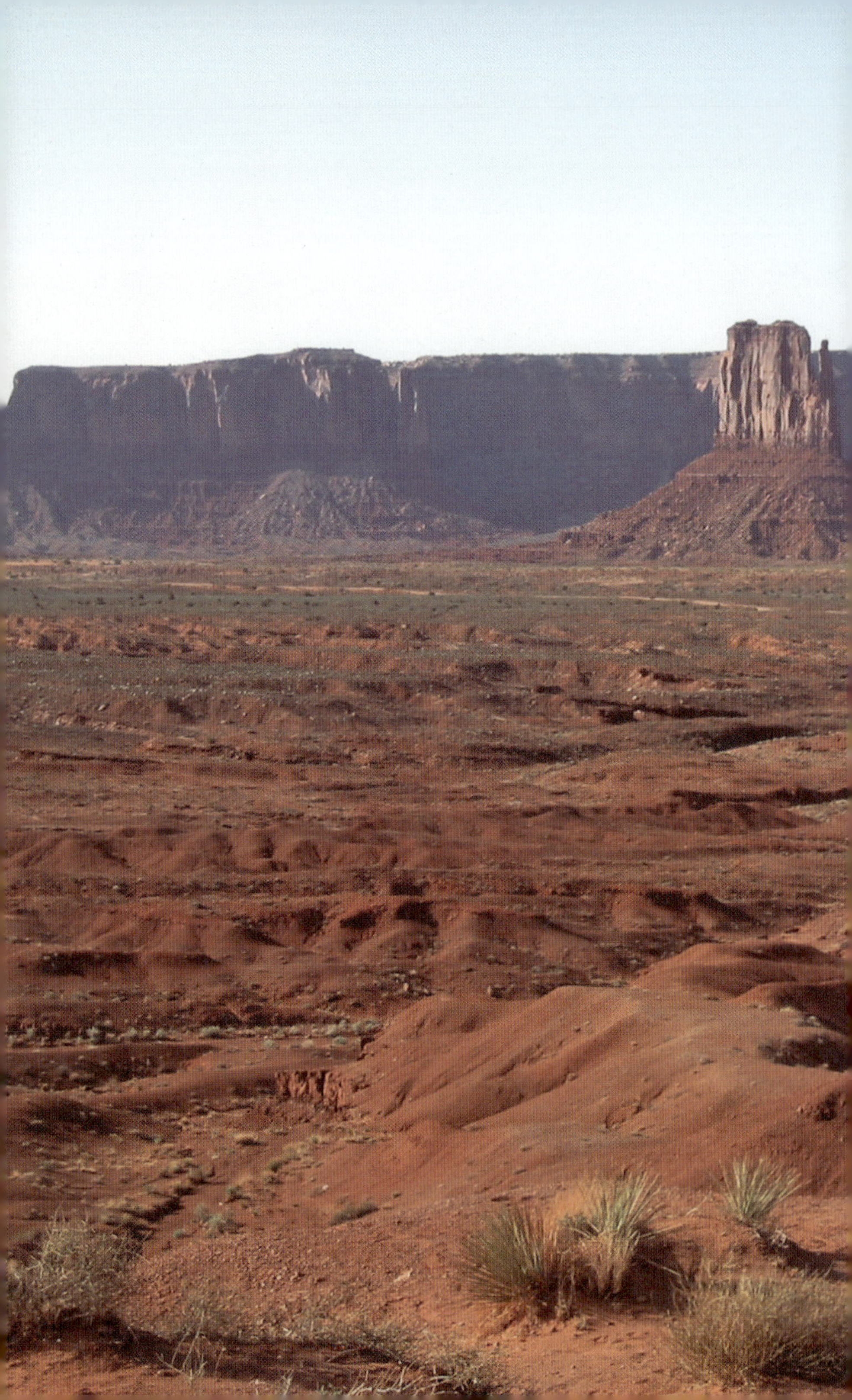

Monument Valley　　　　モニュメントバレー

　　グランドキャニオンまで来たらぜひモニュメントバレーを訪ねたい。岩の丘(ビュート)や岩の柱が赤土の荒野に立ち上がる様は、理屈抜きにすごい。ぜひ夕暮れを待ってその驚きが美しさに変わる瞬間を目撃してほしい。
　　約17マイルの絶景の道、バレードライブのなかでも、特に有名なのがジョン・フォード・ポイント。西部劇の巨匠が「駅馬車」はじめ数々の名作にモニュメントバレーを利用したことはよく知られている。雄大かつドラマチックな景観は、映画監督のイマジネーションを大いに刺激したことだろう。
　　なお、現在、この土地はナバホ居留区の中にあり、ホテルをはじめとする観光施設はナバホ族によって運営されている。かつて白人ヒーローに制圧される役を演じたネイティブがその土地で商売をするとは、なんとも皮肉なシナリオだ。
　　宿泊はモニュメント内にグールディング・ロッジとビュー・ホテルがある。

僕のグランドキャニオン滞在記
My stay in Grand Canyon NP

初めての国立公園の旅。そして、次の目標。

　ぼくがグランドキャニオンに行ったのは、2001年秋だった。83年式フォルクスワーゲン・バナゴンのキャンピングカーを購入し、「アメリカ放浪キャンプ」を目指した、その最初の遠出であった。当時は、ナショナルパークサービスのホームページなどという便利なものもなく、キャンプ場の予約もバックカントリーのパーミット（許可）も電話と郵便で申し込むという旧式の手段が要求されていた。どきどきしながら下手な英語で電話をかけ、4カ月ほど先のファントムランチへの許可と宿泊を手配した。1カ月後に郵便が届いた時はうれしかったなぁ。
　そのときは友人2人を誘って3人での珍道中。自分のクルマで初めて走るアリゾナ。憧れのルート66。暑さに喘ぎながらウイリアムで一泊。強風に嬲られるインディアン居留地の寂しさ。そして、初めてリムに立った時の感動。何度もテレビや雑誌で見ていたはずなのに、それはまったく別のものだった。カメラのファインダーを覗いた途端にカメラを放り出してしまった。いくら広角レンズを使っても、ファインダーに切り取られた景色はもうグランドキャニオンではなくなっていた。ぼくのグランドキャニオンは体全体で感じる世界すべて。それ以外の何ものでもなかった。
　トレーラービレッジにテントを張り、それから、毎朝、毎夕、サンライズ、サンセットを楽しんだ。それは一種、宗教的な喜びともいえる体験だった。さらに谷に降りるトレイルに挑戦。空の中に18億年の地層を見上げた。オアシスに作られたキャンプ場に宿泊。幻想的な星空に包まれて眠った一夜……。
　グランドキャニオンの旅には、うれしいおまけがあった。近くのレイクパウエルで釣りをしていると、黄色いバナゴンが現れたのだ。同じクルマに乗る者同士はすぐに仲良くなる。カナダから3カ月の予定で旅をしているという若いカップルだった。
　あれからもう12年。ぼくの次の目標はキャニオン・ノースリムへの旅である。

とにかく絶景の連続。しかし、その素晴らしさはリムに立って360度、乾いた風の中で体感するに限る。写真を撮る気が失せたぼくはカメラをクルマに放置してしまった。このページの写真は友人、ヤスから拝借した。

デザートビューに立つ展望台、ウォッチタワー（見張り塔）。その名の通り、赤い砂漠が見渡せる。ちなみに塔は1932年に建造された観光用。

アメリカの自然を世に伝えた
アンセル・アダムス

Column 2

Ansel Adams & Yosemite

ヨセミテに魅了された少年時代

　深みのあるモノクロ写真。一枚のプリントに一体、どれだけの時間と労力を費やしたのだろう。アンセル・アダムスが残した作品の数々は、デジタル全盛の時代になった今こそ、ぼくたちの心を強く打つ。

　1872年にイエローストーンが初めてアメリカの国立公園に指定されたとはいえ、その存在を知る人はほとんどいなかった。20世紀に入って国立公園が増えていっても、存在意義が理解されたとはお世辞にもいえなかったという。イエローストーンではクルマに乗ったまま熊の餌付けが行われていたのだ。

　そんな時代にアンセルは自然の素晴らしさ、尊さを伝え続けた。彼がカメラを通して成し遂げた啓蒙活動の功績は計り知れない。

　アンセル・アダムスは1902年にサンフランシスコに生まれた。少年時代はピアニストになる夢を持つ一方、学校生活に馴染めずドロップアウトするというナイーブな一面もみせた。

　彼の人生を変えたのが、14歳の時に家族旅行で訪れたヨセミテだった。その自然の大迫力に魅せられた少年は、以降、毎年ヨセミテを訪ねる。そして、17歳で自然保護団体、シェラクラブに加入すると、一層ヨセミテへの愛情を募らせていった。

1940年代に記録された国立公園

　アンセルが最初に持ったカメラは、父親に買い与えられたコダック・ブラウニー・ボックスカメラだった。ヨセミテは彼にとって格好の被写体となり、めきめきと写真の腕を上げていく。そして、25歳の時、ハーフドームの写真をメインとする18枚の作品で構成された写真展を開催するまでになった。
　この頃、アンセルはヨセミテバレーの写真館の娘、バージニア・ベストと恋に落ち結婚する。彼はヨセミテに本拠地を移し、次々と作品を増やしていく。さらに1930年にポール・ストランドの写真に感動してソフトフォーカスからピュアでシャープなスタイルに転換、独自の作風を築き始める。
　1940年代に全米の国立公園の写真を撮るチャンスを得ると、トレードマークともいえるポンティアック・ウッディワゴンで各地への撮影旅行が敢行された。まだ文明が立ち入る前の自然を記録した当時のプリントは、歴史的遺産としての価値がある。
　なお、余談だがアンセルは第二次世界大戦時に行われた日系人抑留に衝撃を受け、マンザナール強制収容所の撮影を行っている。この写真集の評価も高い。
　1980年、ジミー・カーターはアンセルに大統領自由勲章を贈って長年にわたる業績を評価した。また、インヨー・ナショナルフォレストにはアンセル・アダムス・ウィルダネス、シェラネバダにはアンセル・アダムス山が恩人の名を冠している。
　これも余談だが、アンセルは人生の晩年までピアニストになる夢を捨てなかったと伝えられている。

ORGAN PIPE

オルガンパイプカクタス国立公園

本部：10 Organ Pipe Drive, Ajo
　　　AZ 85321 520-387-6849
　　　http://www.nps.gov/orpi/index.htm
設立：1937年4月13日
広さ：330,688エーカー
入場料：クルマ、バイク8ドル（1週間）。
　　　　徒歩、自転車、バス4ドル/人。

サワロと向き合って滞在する
ソノラ砂漠の特異な環境

　北米には4つの砂漠がある。南カリフォルニアの西に広がるモハベ、ネバダ州を占めオレゴン、ユタ、アイダホに跨る広大なグレート・ベイジン、アリゾナ州南部からメキシコ西部、バハカリフォルニアに伸びるソノラ、そしてテキサス州からメキシコ国境を越えて横たわるチワワ、である。それぞれには「砂漠」の一言で片づけることができない地質、植生の特徴がある。西部劇でお馴染みの大きなサボテン、サワロSaguaroはソノラ砂漠の固有種だ。

　探検家のウイリアム・ホーンデイは、初めてサワロを発見したとき「なんという不思議な植物なんだ。この世のものと思えない」と唸ったという。実際に巨大なサワロの前に立つとウイリアムの気持ちがよく分かる。スクリーンの中や写真では何度も見てきたはずだが、この異容には形容を失う。強いて例えれば、人と大木とサボテンをかけ合わせたような。

　サワロは内部に木の骨格を持ち表面をひだ状の組織が覆う構造になっている。ポイントはこのひだである。さわってみると想像をはるかに超えてゴツくラフで堅牢かつ頑丈。この頑丈なひだが雨水を吸い上げてアコーディオンのようにぐわっと膨らむのである。その水量、なんと760リットル。一説によると1年間に必要な水を一気に吸い上げるという。そのために根は浅く広く張られている。強烈な豪雨が地中に染み込む前に吸収する作戦だ。

　サワロは大きいものは20メートルにまで成長する。重さは10トンにもなる。しかし、その成長は遅い。インクの一滴ほどの小さな種から発芽し、10年でようやく10～20センチ。50年かかって2メートルとなる。そこから75歳までの25年間に幹から腕を伸ばし花をつける。人間でいえば壮年期だ。枯れて倒れるまでの寿命は、およそ200年。

CACTUS

サワロはソノラ砂漠のシンボルであるだけではない。砂漠に住む動物たちの世話役でもある。キツツキや小型のフクロウ（エルクオウル）は、サワロの硬い幹に穴を開けその中で暮らしている。大量に落とす種はもちろん動物たちの重要な食料となる。それにしても、その姿。夕日に浮かぶシルエットは、まさに荒野に佇むガンマンだ。いろいろな形状に伸びる腕は、ときにユーモラス、あるときは哀しくさえある。

　サワロの話ばかりになったが、この公園の主役はオルガンパイプカクタスだ。その名の通り、パイプオルガンのように根元から幾本もの幹をすっくと伸ばす。アメリカでこのサボテンを見ることができるのは、この公園だけだ。公園内には計26種類のサボテンが自生している。そのほか、美しいハミングバード、土埃を上げて疾走する怪鳥ロードランナー、コヨーテ、ジャックラビット、ヘビ、トカゲなど動物も多い。サソリもいるので靴を履き直すときは注意が必要だ。

　ソノラ砂漠には四季ならぬ五季がある。2～4月は温かく乾燥した春。信じられないかもしれないが、丘の麓に黄色い花が一面に咲く。5～6月は早夏。サワロが白い可憐な花をつける。そして7～9月は気温48度、地表温度60度に達するサマーモンスーン。豪雨、突風、雷を伴うストームも頻繁に発生する過酷な気候だが、サボテンたちにとっては給水期間となる。10～11月は乾燥するがまだ暑いアフターサマー。そして、一転、12～1月はときに雪も降る厳冬。

　なお、オルガンパイプカクタス・ナショナルモニュメントは、メキシコとの国境に位置している。公園の外側にはルークスビルという町があり、ここからボーダーを超えてメキシコに入国することができる。地図上に引かれたたった一本の線だが、これを超えた途端に道路状況や漂う空気が一変する。4マイルほどでソノイタという町に入る。陽射しのシビアな時間帯にランチを食べに行くのも一興だ。

行き方　　　　　　　　　　　　　　　　　　　How to get there

最寄りの代表都市はツーソン。デルタ航空などの便がある。ここからレンタカーを借りていくのが一般的。ゲートまで140マイル。アラモレンタカー・ツーソン空港が便利（http://www.0123.ne.jp/alamo/index.html）

適した季節　　　　　　　　　　　　　　　　　　　When to go

本文中にあるように五季それぞれの美しさがある。ただし、夏の候は相当に過酷。4～6月が花も咲き、トレイル歩きも楽しめていい。

予約　　　　　　　　　　　　　　　　　　　How to reserve

公園内にはキャンプ場が一カ所ある。年中オープン、ファストカム・ファストサーブ。モーテルならルークスビルかアホで探したい。

オルガンパイプカクタス全体マップ　　**Organ Pipe Cactus Whole Map**

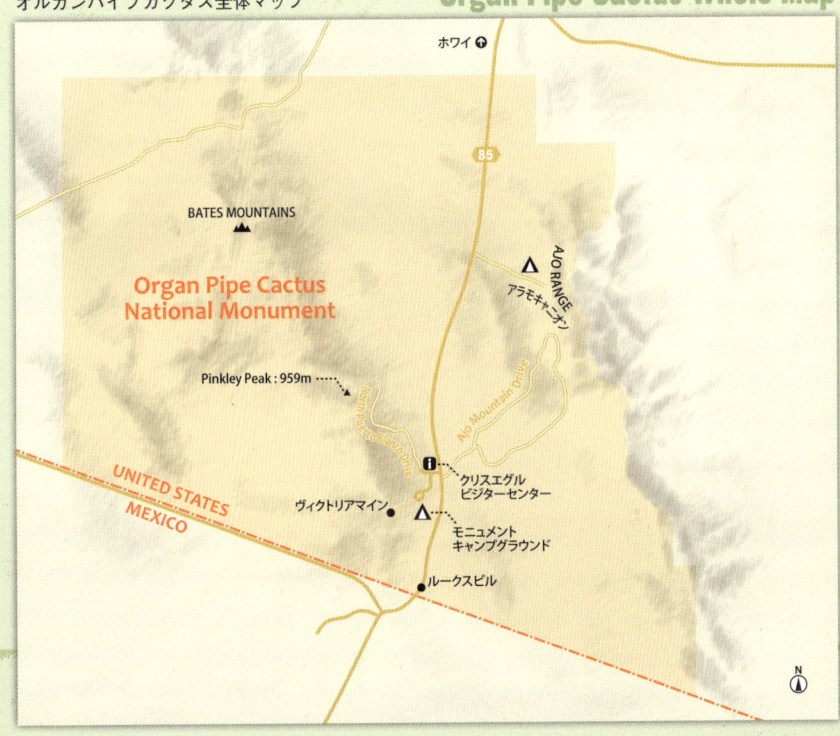

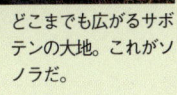

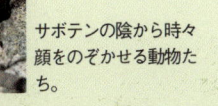

- ホワイ
- BATES MOUNTAINS
- Organ Pipe Cactus National Monument
- AJO RANGE
- アラモキャンプ
- Pinkley Peak : 959m
- クリスエグルビジターセンター
- ヴィクトリアマイン
- モニュメントキャンプグラウンド
- ルークスビル
- UNITED STATES / MEXICO

どこまでも広がるサボテンの大地。これがソノラだ。

サボテンの陰から時々顔をのぞかせる動物たち。

パーク内にはかつての金鉱の跡が残っている。

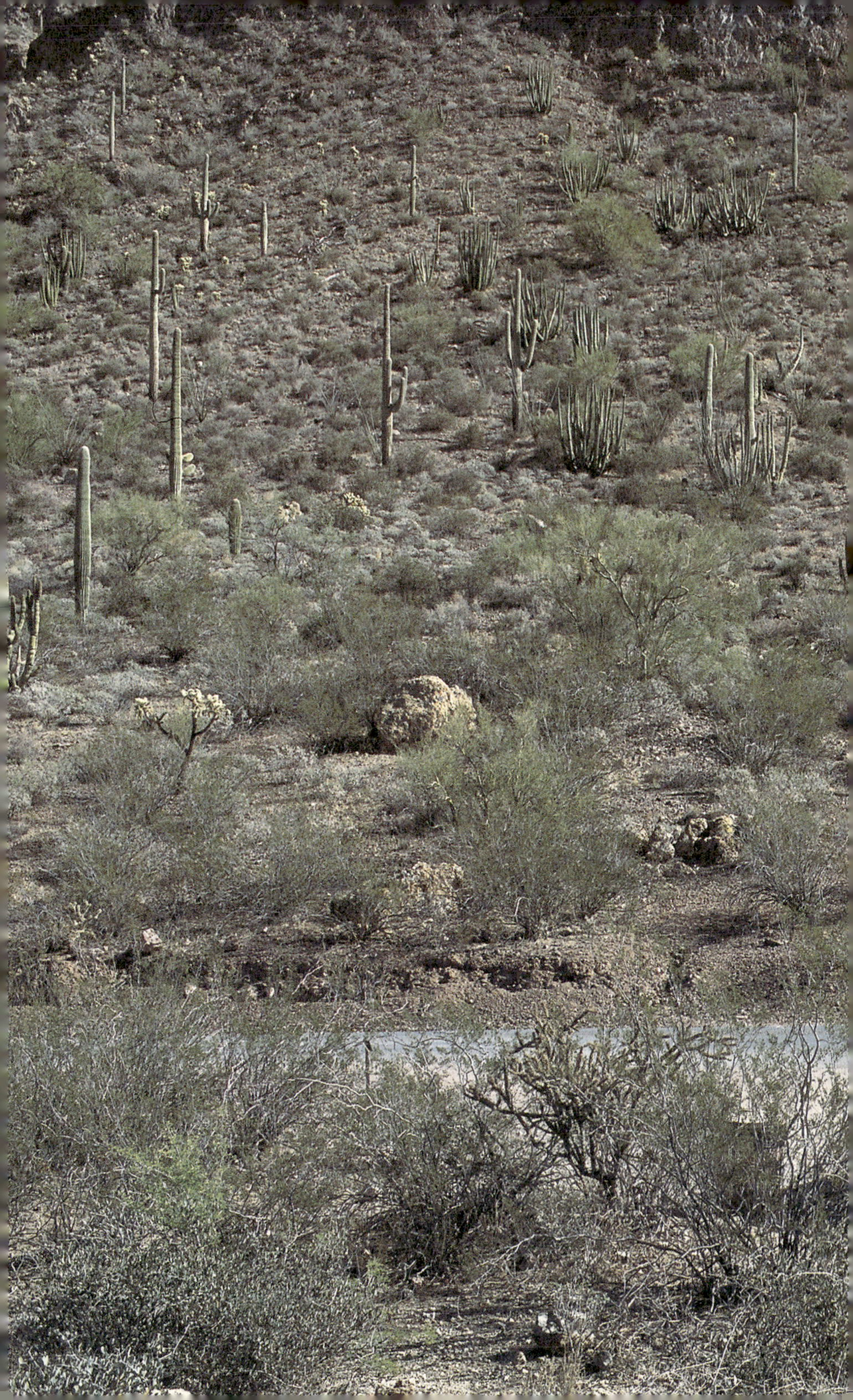

サワロとオルガンパイプが群生する南向きの斜面。

僕のオルガンパイプ滞在記
My stay in Organ Pipe Cactus

サボテンたちの芸術的な姿態に感激

　2002年の暮れ。キャンピングカーを手に入れて半年、何処かへ行きたくて仕方がなかった。しかし、冬のカリフォルニアは寒い。ぼくが行きたい国立公園はだいたい山の中にあるから、ますます寒い。ぼくはこんな趣味を持っていながら人一倍寒がり。旅への欲求と寒さの間で、激しいジレンマを起こしていた。

　そのときに思いついたのがアリゾナだ。夏の間、アリゾナの暑さには泣かされた。相棒のバナチン（'83年バナゴン・キャンパー）も暑さが大嫌い。夏には草臥れたラジエターがアリゾナの灼熱の太陽に耐え切れず、オーバーヒート寸前まで水温が上がってしまった。こんな砂漠でクルマが止まったらシャレにならないぞ、とヒヤヒヤしたものである。それならば、逆手を取って寒い時期にアリゾナを目指せばいい。我ながらグッドアイデアに思わず膝を打った。

　さっそく調べてみるとオルガンパイプカクタス・ナショナルモニュメントが目に留まった。セコイヤの大樹と対峙して大感激したぼくは、常々、サワロという巨大サボテンを自分の目で確かめてみたかったのである。1月のある日、ぼくは意気揚々とアリゾナへと向かった。

　パーク近づくにつれ、ぼくの気持ちは昂揚した。辺りにサワロがぐんぐん増えてきたのだ。公園に入るとウジャウジャ状態になった。それにしても不思議なのは、これまで何度も砂漠を走ったのにサワロにまったく会えなかったことである。その謎をレンジャーが明快に解いてくれた。ぼくが走っていたのはモハベ砂漠。サワロはソノラ砂漠にしか自生しない。納得である。ということは、西部開拓史の背景にサワロはありえない。あれはジョン・フォードが創造した虚構ということになる。

　サボテンたちの芸術的な姿は見事にぼくの心を打った。いくら見ても飽きることがない。厳しい環境に対応した生き物たちの生態も非常に興味深かった。しかし、誤算が一つ。冬の砂漠は強烈に寒い！　テントに泊まるどころではない。寝袋に入り毛布にくるまりクルマの中で震えて夜を過ごしたのである。

アメリカでオルガンパイプカクタスを見ることができるのは、このNMだけ。

腕が出るのは50歳を超えたサワロ。10トンの体を地表に張る浅い根で支えるため、自重で倒れる固体も多いとか。

チェインフルーツ・チョヤ。これも奇妙かつ芸術的な姿。

YELLOWST

イエローストーン国立公園

本部：Yellowstone National Park PO Box168 WY
82190-0168307-344-7381
http://www.nps.gov/yell
設立：1872年3月1日
広さ：2,221,766エーカー
入場料：クルマ20ドル/台（1週間：グランドティトン国立公園共通）。
スノーモビルとバイク15ドル/台、徒歩・自転車・バス10ドル/人。

荒ぶる自然に畏怖の念を抱く
野生動物のサンクチュアリ

　Wilderness ウィルダネスという言葉がある。一般的には、「手つかずの自然」「大自然」などと和訳されるが、研究社「新英和大辞典」によると「荒地、荒れ野、原野」とある。地面を割って噴き出す蒸気・水煙、うねる3000メートル超の険しい山々、深い谷底、穿たれた湖、凍る大地、地面を切り裂く河、のし歩く獣。「大自然」よりも乱暴にして排他的。イエローストーン国立公園は、まさにウィルダネスそのものだ。

　ナショナルジオグラフィック製「アメリカ国立公園ガイド」では、イエローストーンは「ロッキー山系」に分類される。64万年前、ロッキーの一部に激しい噴火が発生、大きな地殻変動を起こした。瞬く間に変形する山、大地。火山灰は数千平方マイルを覆い尽くし、45マイル×30マイルという巨大カルデラが形成された。現在、観光客が集まる公園の中心こそ、そのカルデラの中。間欠泉やマッドポット（日本でいう地獄）は、剥き出しになった地球内部の活動そのものだ。

　イエローストーンがアメリカで最初、つまり世界初の国立公園に制定されたのは1872年。時代は西部開拓の真っただ中だった。近代的高層ビルや自然破壊の脅威は、創造力豊かなSFのお話の中にしかなかった。イエローストーンのウィルダネスは、そんな140年前の人々の心をも打ち、価値を認めさせたことになる。

　西部開拓がひと段落し近代化に拍車がかかると、イエローストーンはヨセミテとともに環境保護のアイコンに成長していく。大自然のランドスケイプ、豊富な野生生物が、守るべき貴重な環境と次第に認識されていったのだ。

　その象徴と言えるのが、バイソン（北米ではバッファローとも呼ぶ）だ。バイソンは広くアメリカに生きる動物であったにもかかわらず、フロン

ONE

ティアを求める活動の中で乱獲され、気がつくと絶滅寸前に追い込まれた。野生のバイソンが群れをなすイエローストーンは、アメリカ人の心の故郷ともいえる。

国立公園内を闊歩する動物はバイソンばかりではない。500キロの巨体を誇るグリズリー、大きな角を堂々と広げるムース、エルク、愛らしい目のミュールディア（鹿）、くるりと丸まった角が特徴のビッグホーンシープ、荒野の賢者ウルフ、そしてコヨーテ、ブラックベアなど。いくら野生動物を看板にしても、実際は鹿とリスくらいしか見ることができないのが自然界の常だが、イエローストーンは絶対に裏切らない。数日間滞在すれば、必ず何種類かの大型動物に出会うことができる。それがこの国立公園が人を惹きつけて止まない魅力でもある。

1988年、イエローストーンは50カ所にも上る歴史的な山火事に見舞われた。原因は、極度の乾燥と落雷。火の勢いはオールドフェイスフル周辺の施設にも迫るほどだった。半年続いた火事による影響は、公園全体の3分の1にも及んだという。

注目すべきは、このときにとった当局の行動。なんと一切の消火活動を行わず静観していたというのだ。これは山火事も自然現象の一環、という考え方による。自然には手を貸さない、手を付けないというポリシーが現れたエピソードだ。現在、公園は小規模な火事を経験しながら、ゆっくりとしたダメージからの回復期にある。

そういえば、ぼくがトレイルを歩いているときに大きなバイソンの死骸に出会った。獣の死体はあるがままに消えるのがふさわしい。ヨセミテが国立公園の聖地なら、イエローストーンは人間の制御を拒絶する、まさに聖域と呼ぶにふさわしい存在だ。

行き方　　　　　　　　　　　　　　　　　　How to get there

パークのエントランスは5か所。このうち便利なのは、ウエスト・イエローストーンから入る西エントランスと、ジャクソンを起点とする南エントランス。ウエスト・イエローストーンは旅の準備がしやすいエントランスシティで、公園ゲートも近い。ジャクソンは64マイル離れているが、同じ入場券で入れるグランドティトン国立公園も楽しむことができる。ウエスト・イエローストーン、ジャクソンともにデルタ航空の便がある。

適した季節　　　　　　　　　　　　　　　　　　When to go

イエローストーンの自然は厳しい。11月から4月まで道路は雪で閉鎖される。5、6月もまだ寒く、ウェットで。雪も多い。年間300万人が訪れる観光客の半数以上が7、8月に集中する。落ち着いて滞在できる9、10月は気候も良好でおすすめ。

予約　　　　　　　　　　　　　　　　　　　　How to reserve

イエローストーン国立公園内には、「オールドフェイスフル・イン」「レイクイエローストーンホテル」など9か所のホテル、ロッジがある。料金は38〜228ドル（http://www.YellowstoneNationalParkLodges.com）。キャンプ場は12カ所（http://www.nps.gov/yell/planyourvisit/camping-in-yellowstone.htm）。

イエローストーン全体マップ / Yellowstone Whole Map

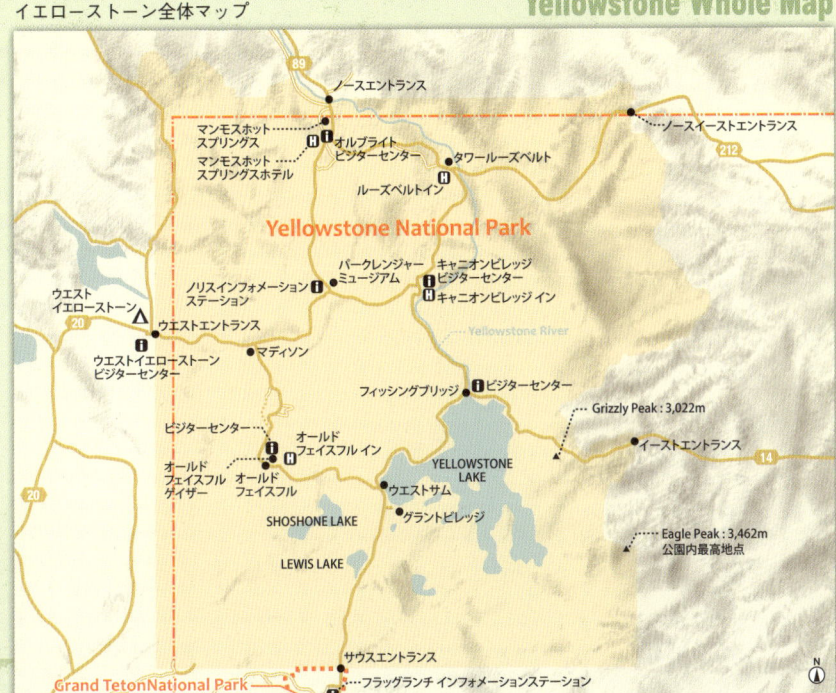

Yellowstone National Park

- ノースエントランス
- マンモスホットスプリングス
- マンモスホットスプリングスホテル
- オルブライトビジターセンター
- タワールーズベルト
- ルーズベルトイン
- ノースイーストエントランス
- パークレンジャーミュージアム
- ノリスインフォメーションステーション
- キャニオンビレッジビジターセンター
- キャニオンビレッジ イン
- ウエストイエローストーン
- ウエストエントランス
- ウエストイエローストーンビジターセンター
- マディソン
- Yellowstone River
- フィッシングブリッジ
- ビジターセンター
- Grizzly Peak : 3,022m
- イーストエントランス
- ビジターセンター
- オールドフェイスフル イン
- オールドフェイスフルゲイザー
- オールドフェイスフル
- ウエストサム
- YELLOWSTONE LAKE
- グラントビレッジ
- SHOSHONE LAKE
- LEWIS LAKE
- Eagle Peak : 3,462m 公園内最高地点
- サウスエントランス
- フラッグランチ インフォメーションステーション
- Grand Teton National Park

イラスト奥、巨大な角を持つムースはイエローストーンの王者。エルクはやや小型。左のミュールディア(鹿)はキャンプサイトでもしばしば見かける人気者。角の丸まったビッグホーンシープ、賢者ウルフ、熊はグリズリー(右)とブラックベア。そしてイエローストーンの象徴、バイソン(中央)。

83

YELLOWST

イエローストーンの楽しみ方　　How to visit

　イエローストーン国立公園にはグランドループロードと呼ばれる8の字型のハイウエイが走り、それぞれ5つのエントランスに繋がっている。まず、知っておきたいのはその距離感。8の字ハイウエイは全長142マイルもある。気軽に一周するつもりでいると失敗する。
　見逃せないのは、なんと言っても西側のガイザーベイジン・エリア。ウエスト・イエローストーンからアプローチして8の字ハイウエイに合流したら南へクルマを向けよう。オールドフェイスフルまで16マイル。この間に何カ所かのビューポイントがある。有名な間欠泉（ガイザー）へ急ぎたい気持ちは分かるが、きっと嫌でも足を止めてしまうだろう。なぜなら、バイソンに会えるから。堂々とした風格のバイソンが草を食み、群れで遊ぶ様子は壮観。ときにハイウエイを横切ることもある。その荒々しい姿は雄大な荒野によく似合う。
　オールドフェイスフルに着いたらビジターセンターへ。ここでガイザーやホットスプリングをつなぐトレイルの地図をゲットしよう。続いて有名ガイザーの噴出予定時間をチェックする。オールドフェイスフルは正確な噴出で知られるが、それでも40〜120分間隔。その他は2〜8時間間隔もあれば年に数回という気まぐれガイザーもある。
　発表された予定時間に合わせて行くのが正しい観光スタイルだ。青空に高々と吹き上がる水煙は地球の体温を感じさせてくれる。なお、各ホテル出発の便利なツアーが企画されているのでその情報もセンターで仕入れておこう。
　パークの南東は標高が高い山岳エリア。ここにイエローストーンレイクとキャニオンがある。ぜひトレイルを歩いてダイナミックな景色を味わいたい。川では野生のトラウトフィッシングがおすすめだ。
　北側のノーザンレンジは標高が低く、森林と砂漠が入り混じるハイキングに最適なエリア。余裕があれば馬に乗っていく1週間のバックカントリーツアーに参加したいが、半日の山歩きでも十分に楽しめる。

ONE

ガイザーにより噴出時間が異なるので、ビジターセンターが発表する予定時間をチェックしよう。

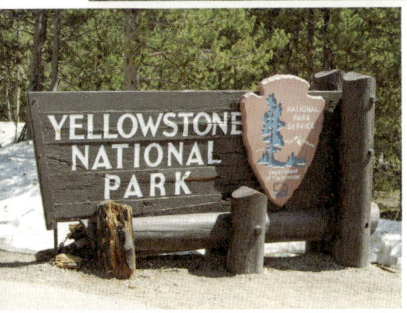

ようやく着いた！ 憧れのイエローストーンについに到着！

5月、イエローストーンレイクはカチカチに凍っていた。

ぼくがチェックインしたマディソン・キャンプグラウンド。

格式あるホテル、オールドフェイスフルインの窓から望む。

85

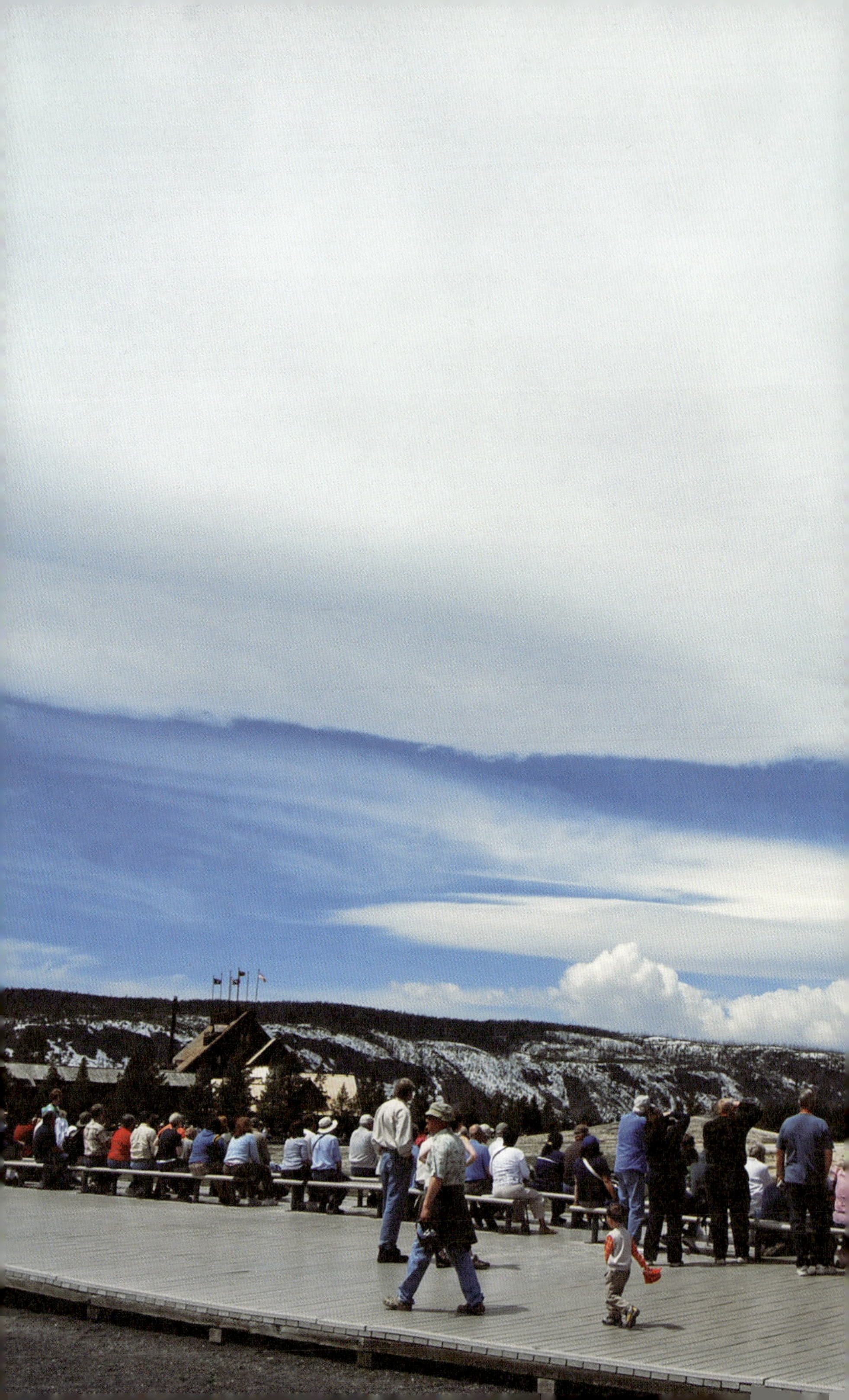

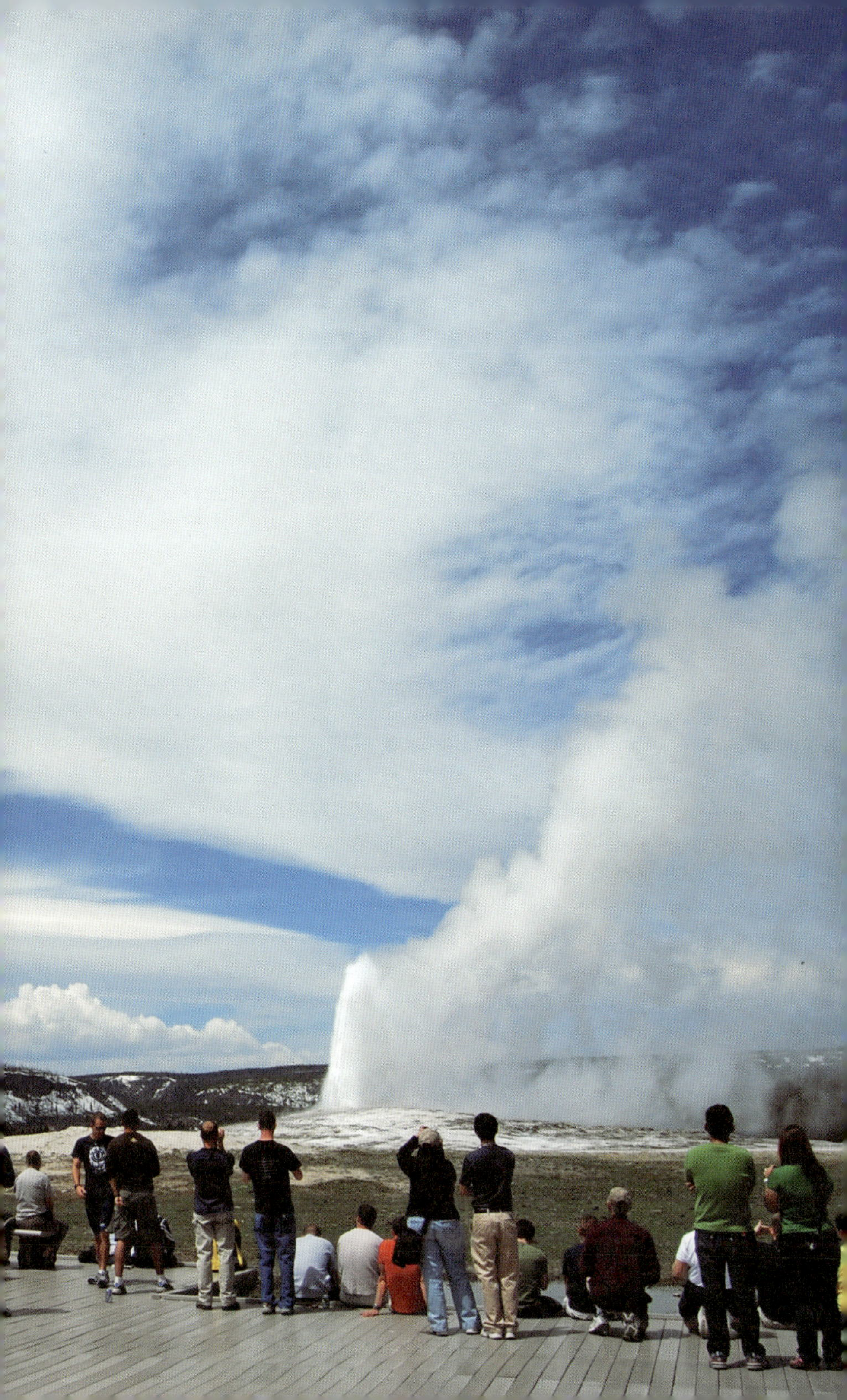

僕のイエローストーン滞在記
My stay in YELLOWSTONE

辿り着いた荒野は、どこまでも厳しかった

　アメリカ一周旅行を思い立ったとき、どうしても行きたかったのがイエローストーン国立公園だった。高校生の時、五木寛之に「青年は荒野を目指す」と激励され、寺山修二に「あゝ荒野」と暗示を受けた。「そうだ、男なら荒野だ！」と、いきり立ったもののいったい肝心の荒野がどこにあるのか分からなかった。以来30年、テレビや本である素晴らしい景色を繰り返し見てきた。その度に胸が高鳴った。そして、ようやく気がついた。憧れの荒野は、きっとここにある……。

　2008年5月17日。ついにイエローストーン国立公園に入る日がやってきた。そわそわする気持ちを抑えきれず、アイダホ州アイダホフォールのモーテルを早朝に出発する。国立公園のエントランスシティ、ウエスト・イエローストーンまでは約180マイル。順調にいけば4時間の道程だ。空は快晴、快調に田舎道を走る。すでにサンフランシスコを出発してから数週間が経過している。やはり憧れの地は遠い。

　最後の町を抜けしばらく行くと、遠くに雪を頂く山々がようやく見えてきた。周囲にはほとんどクルマが走っていない。古いキャンピングカーが先行するだけだ。憧れの地はすぐそこに迫っている。

　ウエスト・イエローストーンは、ビジターセンター、モーテル、スーパーマーケット、釣具店、キャンプ用品店などが軒を連ねる、長年にわたり旅行者を迎えてきた町だ。じっくりと旅の準備をするには最適、歴史ある町並みも旅情を誘う。そんな旅人が集まる町に一泊するのも楽しそうだが、昂揚する気持ちを抑えることは、もはや不可能。食料、薪などの買い物を済ませ、さっそくゲートを目指す。

　ぼくが予約したのは、ウエストエントランスから14マイルのマディソン・キャンプグラウンド。トラウトフィッシングの好ポイント、マディソン川が近くを流れる絶好のロケーションだ。ここが4泊5日のイエローストーン初体験の基地となる。

　ちなみに公園内の平均的な標高は2400メートル。空気はき〜んと冷たく、周辺には雪が残っている。フリースにダウンジャケット、毛糸の

帽子と重装備に身を包む。
　テントを張りランタンやストーブをセット。夜に備えて薪を割っていると、隣のサイトから男性が近づいてきた。年の頃は70歳くらいか。
「これを貸してあげよう」
　エドと名乗る長身の男が手にしているのは、本格的な薪割り用の斧だった。ぼくが小型のハンドアックスを使っているのを見て、親切にも声を掛けてくれたのだ。話を聞くと、エドはフロリダから奥さんと二人でやって来たのだという。フロリダからワイオミングまでは3000マイル以上か。「ロングドライブですね」と驚くと、これからアラスカを目指すとか。なんともスケールが大きい。3年前にも長いキャンプ旅行を経験している旅のベテランだった。
　しばらくエドとの旅談義を楽しみ、さっそくガイザー見物に出かける。キャンプ場からグランドループロードに入りオールドフェイスフルへと進路をとる。と、次の瞬間、体から緊張感がとろとろと溶け出し、ぼくはへなへなとステアリングに凭れかかってしまった。ぽかんと開いた口がふさがらない。
「やっぱり、ここだったのか！」
　凍りつく原野、立ち上る蒸気、雪まみれの丘、群れるバイソン。目の前に広がっているのは、まさに"荒野"そのものだ！

ビューポイントにクルマを止め、ついに荒野に立つ。期待通りのイエローストーンが、ぼくの目の前にどか〜んと存在していた。風が冷たい。耳が凍りそうだ。追い求めてきた荒野は果てしなく、どこまでも大きい。
　その後に訪れた数々のガイザーやトレイルは、もちろん素晴らしかった。地中のマグマに熱せられた水が高く噴き上がったとき、確かに地球の鼓動を感じた。しかし、ぼくにとってのイエローストーンは最初の一撃に尽きた。あの景色に出会えた瞬間を、ぼくはきっと忘れないだろう。
　イエローストーン国立公園には、野生生物に関する厳格なレギュレーションがある。曰く「熊から100ヤード以内に近づいてはいけない。その他の動物から25ヤード以内に近づいてはいけない」。
　図らずもこのルールを破ってしまったのは2日目だった。公園南部のイエローストーンレイクを目指していたとき、なぜか道の両側にずらりとクルマが駐車していた。レンジャーも数人出て交通整理をしている。野次馬根性に駆られて降りてみるとグリズリーがいるという。森の中に目を凝らすと、確かに親子と思われる熊が3頭、斜面の下でのんびりとくつろいでいる。さすがに斜面を下りて近づこうとする人はいない。100ヤード、つまり91メートル程度の距離を保って遠巻きに見物しているだけだ。
　人混みに鋭い緊張が走ったのは、数分後だった。突然、熊の親子が斜面を駆け上がってきたのだ。うわっ！　慌てて逃げる男女に、「動くな！じっとして！」とレンジャーの警告が響く。全員が「だるまさんが転んだ」のごとく、ピタリと身を硬直させる。あっという間に現れたグリズリーは道路を横切り、逆の斜面へと消えていった。そのとき、ぼくからの距離はわずか30メートル。一番近かった人は3メートルほどだったか。肝が冷えるとはまさにこのことだった。
　5日目、最終日の朝。テントから這い出るといつになく寒い。たまらずに焚火を燃やし、朝食の準備をしているとエドがやってきた。
「雪になるよ。早く出発したほうがいい」
　彼も予定を1日繰り上げてアイダホに向かうという。確かに雲が鉛色に垂れ込めている。ベテランの忠告に従テントを畳んでいると、ほどなく雪が舞い出した。慌ててキャンプ用品をクルマに放り込み、南へ向かう。グランドティトンを見学してジャクソンへ抜ける計画だった。ところが雪はすぐに吹雪に変わった。いや、吹雪じゃない。狂ったような横殴りの大雪だ。しかも途中でワイパーが故障（ヒューズ切れでよかった！）。夕方、這う這うの体でジャクソンに到着。くたくたになっていた。荒野は優しくない。あくまで厳しく非情だと思い知らされた。

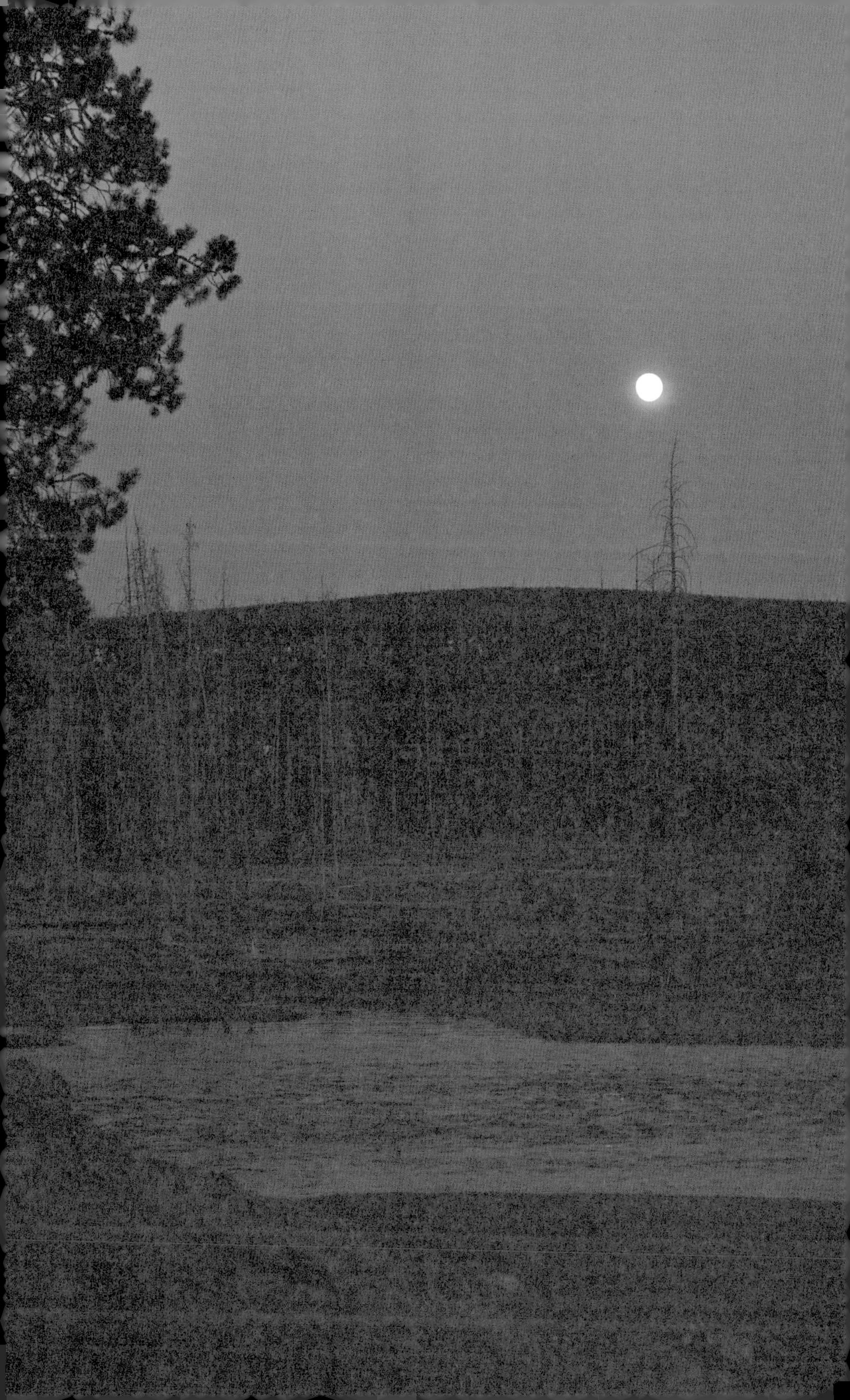

On The Road
Idaho Fall >>> Yellowstone

はやる気持ちを抑えきれず、
アイダホフォールのモーテルを早朝に発つ。
今日はいよいよ憧れのイエローストーン国立公園に入る日だ。
エントランスシティ、ウエストイエローストーンまでは200マイル。
のんびりとした田舎道を快調に走る！

Rexburg

レクスバーグ
Rexburg
アイダホ州北部はのんびりとした田舎の風景の連続。小さなタックルショップ（釣具店）を発見し、寄り道。

アイダホフォールからウエストイエローストーンまではUS20をひたすら北上する。地元の人しか使わない静かなハイウエイだ。

St, Anthony ↓

セイントアンソニー
St, Anthony
ロードサイドにかわいいダイナーを発見。さすが本場、つけ合わせのフレンチフライをおいしいと誉めると、かわいいバイトの子が大盛りサービスをしてくれた。

West Yellowstone ↓

ウエストイエローストーン
West Yellowstone
古い街並みが残るエントランスシティは、有名国立公園のためにできた町。行き交うクルマや人を見ているだけでも楽しい。

Yellowstone NP →

イエローストーン
Yellowstone NP
パークゲートを入るとすぐに雄大な景色が迎えてくれた。宿泊地マディソンはさらに15マイル先。

Column 3 Park Ranger

いつもキリっとカッコいい
パークレンジャーのお仕事

カッコいい制服に身を包むレンジャーのプログラム（上、右）。子供用の本も出版されている（左）。

レンジャーは子供たちの憧れの職業

　ビジターセンターでぼくたちを迎えてくれるのが、パークレンジャーだ。ライトブルーのシャツにオリーブグリーンのパンツ。左の袖にはNPS（ナショナル・パーク・サービス）のワッペンが誇らしげに縫い付けられている。そして、彼らのシンボルともいえるハット（中折れ帽）。これがカッコいい！　子供たちのなかには、レンジャーに憧れる子も多いことだろう。かく言うぼくもその一人。もし、生まれ変わることが出来たら絶対にパークレンジャーになる、と密かに心に決めている。
　イメージ的にはボーイスカウトのリーダーと近い。自然に敬意を払い、規律・友愛を大切にすることも同じだ。しかし、レンジャーにはホーム（国立公園）がある。これが大きな違いではないだろうか。
　では、具体的にレンジャーたちの仕事をみていこう。
　まずは旅行者たちへの対応。質問に答えたり、的確なアドバイスを提供する。なかでも豊富に用意されたレンジャープログラムはぜひ利用してほしい。一緒にトレイルを歩きながら動植物の特徴などをレクチャーしてくれる無料のサービスだ。英語

が苦手だから、などと諦めないで！　たとえ20％しか分からなくても、一人で何も分からずに歩くのとはまったく違う。レンジャーたちはそのために勉強し、専門の知識を身につけているのだ。

　次に公園の保全。動物や植物が健全に育つための環境を守っている。重要な理念は人間が手を貸し過ぎないこと。あくまでも自然の状態を維持することを目標にしている。

　自然の中では山火事は頻繁に起こる。落雷や極度の乾燥による自然発火が主な原因だ。自然界では山火事を利用して生きている生物もいる。例えばセコイヤは山火事によって下草が処理されることで自分たちの種を守ってきた。そのために自分の幹は火事に耐えられるように厚く頑丈にできている。したがって、山火事が起きてもレンジャーはすぐに消火はしない。それが自然のままだからだ。しかし、ときに強い風にあおられて火が施設に近づくようなことがあると、危険を伴う消火活動に当たる。火の管理 fire management はレンジャーの大きな仕事なのだ。

いろいろな知識が要求されるスーパーマン

　レンジャーは、日々、クルマでは入れないバックカントリーのパトロールを行っている。ハイカーの援助、トレイルを塞ぐ倒木の処理、環境保全など。主な移動手段は馬となる。電気もない山中のレンジャーステーションに長期滞在することもあるそうだ。サバイバル能力も要求される。

　レンジャーの中には歴史・科学の専門家もいる。公園内で発見された遺跡などの発掘、調査は彼らの任務だ。また、環境悪化や動植物に影響を与える病気を未然に防ぐための判断・処置も行う。国立公園は理想的な大自然と思われがちだが、空気や水の汚染は大きな問題となっているのだ。

　さらに、公園内での事故や問題の解決。熱射病や乾燥で倒れたり、トレイルで怪我をするハイカーも多い。また、熊などの大型動物との遭遇・トラブルも日常的に起こる。医学的知識、自然科学的知識なしにその任務にあたることはできない。

　レンジャーはただカッコいいだけではなく、多様な知識が要求される。それがまた彼らのカッコよさでもあるわけだ。

ROCKY MO

ロッキーマウンテン国立公園

本部：1000 Hwy. 36, Este Park, CO 80517
970-586-1206
http://www.nps.gov/romo
設立：1915年1月26日
広さ：265,873エーカー
入場料：クルマ20ドル。
　　　　徒歩・自転車・バイク10ドル/人（1週間）

北米を二分する大山脈
ダイナミックな自然を満喫

　北米地図のロスアンジェルスとニューヨークのあたりに左右の掌を置いて、ぐしゃりと内側に縮めてみる。そのときに中心からやや左側に盛り上がった縦の皺（もちろん空想の話です）が、ロッキー山脈だ。この山脈を境に大きく気候が違い文化や歴史も異なる。

　ロッキーは大陸分水嶺としても知られる。文字通り、山脈の東に流れる川は大西洋に注ぎ、西に流れる川は太平洋にたどり着く。まさにアメリカを二分する山なのだ。ちなみに公園内にはコロラド川の源流がある。この水の一滴がグランドキャニオンを削り、最後にほとんど干上がりながらバハカリフォルニアの脇の下に流れ出るかと思うと感慨深い。

　さて、ロッキー山脈と一言で言うが、実はこの山の連なりは果てしなく長い。北はカナダのブリティッシュコロンビア州北端（アラスカとの国境近く）から南はニューメキシコ州サンタフェまで、なんと4800キロ（広義には7600キロ）に及ぶのだ。イエローストーン国立公園もロッキー山脈の一部である。

　しかし、日本人ならずとも「ロッキーマウンテン」といえば、コロラド州デンバー周辺をイメージする人が多いだろう。MLBではコロラド・ロッキーズが活躍し、1973年のヒット曲「ロッキーマウンテン・ハイ」でもジョン・デンバーが「コロラド、ロッキーマウンテン・ハイ♫」と歌い上げていた。そして、ロッキーマウンテン国立公園もデンバーから77マイルという利便なロケーションに拓かれている。

　ロッキー山脈を地質学的に検証すると以下のようになる。最も古い山地は6億年前に形成され、その後1億3500万年前、恐竜時代に広い部分が隆起した。そして、比較的若い山は7500万年以降の活動によって生まれた。その間に氷河の浸食を受け、一方で20億年前の岩が採取さ

UNTAIN

れたこともあるというから、かなり地層構造は複雑だ。
　ロッキーマウンテン国立公園内には、その名に負けない峻嶺が連なっている。最高峰ロングスピークの4345メートルを筆頭に4000メートルを超える山が14座、3600メートル以上の山頂を持つ山は78座に及ぶ。観光の中心となるトレイルリッジ・ロードには全米の道路での標高最高地点（3713メートル）もある。ダイナミックな自然に抱かれることこそ、ロッキーの醍醐味だ。
　国立公園は通年オープンしているが、冬期間は雪のため道路や施設が閉ざされてしまう。観光が楽しめる時期は5月後半から10月中旬まで。なかでも美しい高山植物やエルクなどの動物たちに出会える6月から9月が来園者のピークとなる。ここで思い出してほしいのは、この国立公園が大都市デンバーからクルマで2時間とアクセスがいいこと。それ故に年間300万人という多くのビジターが訪れる。6月中旬から8月中旬はかなり混むと考えていただきたい。ナショナルジオグラフィック製「アメリカ国立公園ガイド」では、9月の旅行をお勧めしている。
　よく整備されたエントランスシティ、エステスパークで準備を整えたら、さっそく国立公園へ入ろう。トレイルリッジ・ロードは約40マイル、素晴らしい景色の一日ドライブを楽しむにはうってつけだ。ホースシュー・パーク、シープ・レイク、ロックカット、ミルナーズ・パスなどの景勝地でクルマを止めながら存分にロッキーの空気を味わいたい。なお、地名にある「パーク」とはメドウ（牧草地）や小さな湖のこと。氷河が溶け出した1万年以上前の痕跡が公園内にパークやレイクとして形を留めている。
　ドライブのほか、ハイキング、アートプログラム、釣り、サイクリング、ロッククライミング、スキーなど、人気国立公園らしく豊富なアクティビティが用意されている。

行き方　　　　　　　　　　　　　　　　　　How to get there
デンバーからI-25を北上、ラブランドから34号線でゲートシティ、エステスパークへ。国立公園の入り口まではデンバーから2時間程度。トラベルデポの新オフィスがデンバーに開設したので、キャンピングカーを借りていくのも一案。http://www.motor-home.net/

適した季節　　　　　　　　　　　　　　　　　When to go
公園内にはシベリアやアラスカと同じツンドラ地帯もある。冬期間は避け、5〜10月に訪ねたい。高山植物が赤く色づく9月が美しい。

予約　　　　　　　　　　　　　　　　　　　How to reserve
エステスパーク、グランドレイクにホテルやロッジがある。料金は85ドルから1500ドルまで。Aspen Lodge Ranch Resort、Wild River Ranchなど。キャンプ場は5カ所。Glacia Basin、Moraine Parkが便利。20ドル。

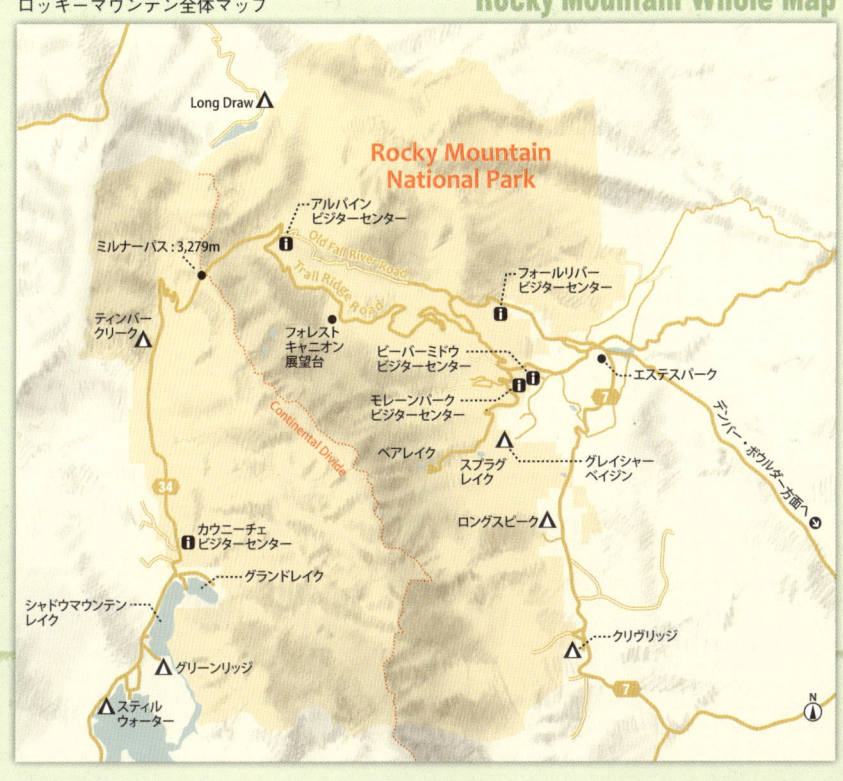

ロッキーマウンテン全体マップ

Rocky Mountain Whole Map

Rocky Mountain National Park

- Long Draw
- ミルナーパス：3,279m
- ティンバークリーク
- アルパインビジターセンター
- Old Fall River Road
- Trail Ridge Road
- フォレストキャニオン展望台
- フォールリバービジターセンター
- ビーバーミドウビジターセンター
- モレーンパークビジターセンター
- エステスパーク
- Continental Divide
- ベアレイク
- スプラグレイク
- グレイシャーベイジン
- デンバー・ボウルダー方面へ
- カウニーチェビジターセンター
- ロングスピーク
- グランドレイク
- シャドウマウンテンレイク
- クリヴリッジ
- グリーンリッジ
- スティルウォーター

標高が高いため針葉樹が多い。

公園内には美しい湖が。4種類のマスが釣りファンを熱狂させる。

99

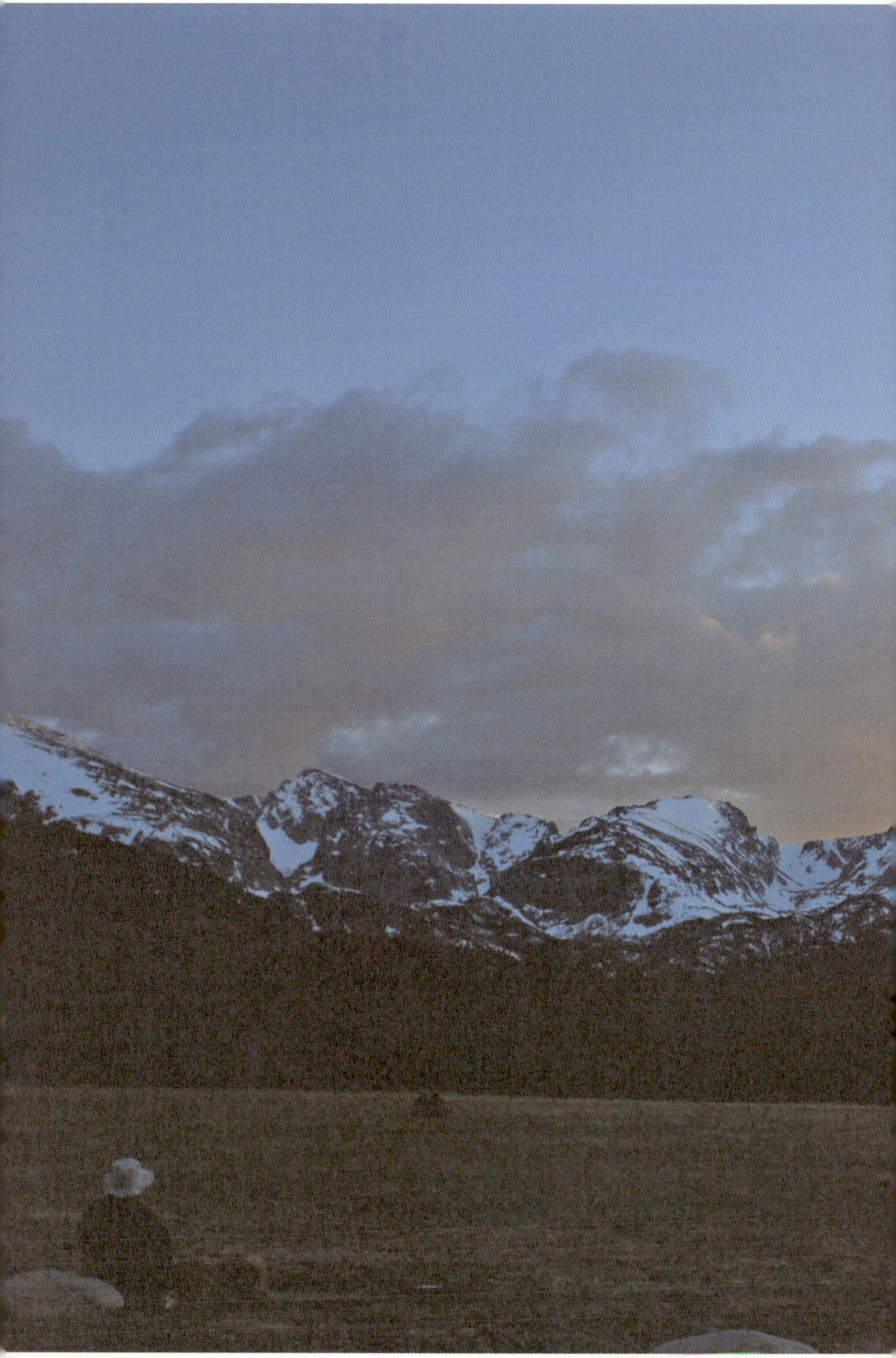

偉大なる山脈に挑んだ勇者の気持ちをしばし味わう。のちに金鉱、銀鉱が見つかり、一攫千金を夢見る男たちを誘った山。

僕のロッキーマウンテン滞在記
My stay in Rocky Mountain NP

大山脈に挑んだ探検家たちに思いを馳せる

　ワイオミングを東に進みカンザスへと入る予定だったが、竜巻やストームの被害が頻繁に報じられるのを聞き、急きょルートを変更、南下することにした。「オズの魔法使い」のドロシーのように竜巻に巻き上げられてはかなわない。

　となると、次なる目的地はロッキーマウンテンだ。アメリカを横断する者にとって、ロッキーはひとつの目標。この険しい山の壁を自分の力で越えてこそ、旅の価値がある。調べてみると、ロッキーを初めて越えたヨーロッパ人はアレグザンダー・マッケンジーという人で、1793年のこと。しかし、彼が越えたのはフレーザー川近辺というからカナディアン・ロッキーだ。西部開拓史に名を残すルイス・クラーク探検隊がロッキー越えに成功したのは1804年、わずか210年前のことだ。それほどにロッキーは険しく人間の前に立ちはだかってきた。こういう話を聞くと、ますますファイトが沸いてくる。

　ワイオミング州シャイアンからI-25を南下、ラブランドから進路を西へと変える。憧れのロッキーマウンテンまでわずか30マイル、遠くにもの凄い山並みがすでに見えている。その偉容が大迫力となったのは、最後の谷を越える直前だった。細い一本道が大山脈に挑むように伸びている。それはまさに210年前の勇気ある探検家を思い描かせてくれる図だった。ここに立てたことに感謝！

　さて、感動のうちに到着したロッキーマウンテン国立公園だったが、ひとつ想定外のことが起きた。なんとキャンプ場が満杯なのだ。当日は5月24日、戦没者に哀悼を捧げるメモリアルデイに当たり3連休の初日だった。超有名国立公園でない限りキャンプ場に入れないということはなかっただけに、これにはびっくり。1時間ほど待ってようやくチェックインすることができた。

　それから3日間、清々しい山の空気の中で滞在を満喫した。有名なトレイルリッジ・ロードを走り、かわいいトレイルを何本か散策した。そして、ロッキーを制覇のプライドを自分の胸に追加したのだった。

ロッキーの5月下旬はまだ雪が残る。観光のピークは6月中旬から。

山の頂が見えるキャンプ場は最高に気持ちがいい。訪れた日は連休でもあり、若者たちも多かった。季節のいい時期は宿を予約しておいた方がよさそう。

オオカミ、グリズリー、ロングホーンシープなどが住む。トレイルでシカの群れに遭遇。

夕暮れの雲が山並みにかかる。空気はどこまでも清々しい。

103

BIG BEND

ビッグベンド国立公園

本部：1 Panther Junction, Big Bend NP, TX 79834
　　　432-477-2251
　　　http://www.nps.gov/bibe/index.htm
設立：1944年6月12日
広さ：801,163エーカー
入場料：クルマ20ドル。
　　　　徒歩・自転車・バイク10ドル/人（1週間）

夏の乾燥・灼熱の気候と
冬の生命力が鮮明なコントラスト

　コロラド州のサンファン山脈に源を発するリオ・グランデはサンルイスバレーを横切るとニューメキシコ州に入り、縦真っ二つにそれを縦断する。そして、ニューメキシコ、テキサス、メキシコ3者の境に出た後、国境となって南下を続けるが、突如、ある地点でぐいっと進路を北に変える。ビッグベンドとは直訳すれば「大曲」。リオ・グランデがぐにゃりと曲がった地点にある国立公園である。

　「オルガンパイプカクタス・ナショナルモニュメント」の項でも触れたが、北米にはモハベ、グレート・ベイジン、ソノラ、チワワの4つの砂漠地帯がある。ビッグベンドが属するのはチワワ砂漠である。その大地の大部分は白亜紀に形成された石灰岩と泥板岩で構成されるが、公園中央にあるチソス山周辺は3500万年前と比較的新しい地層と考えられている。

　また、厳しい自然にもかかわらず1万年前に人間が残した遺跡があるほか、チソス族、アパッチ族、コマンチェ族などのネイティブたちが早くから住み独自の文化を築いた。チソス山の奥深くにはアパッチ族の有名なチーフ、アルサテの霊が棲んでいると今も信じられ、チソス・ジャンクション近くのピュリアム・ブラフという岩にやや後ろに凭れた横顔が現れているという。

　その後も、スペイン人、メキシコ人、アングロサクソン系入植者、アウトローたちが次々と入り、牧畜や農業の開拓を行った。20世紀初めになると豊かな金鉱、銀鉱が発見され乱暴な山師たちが競うようになる。しかし、奴隷にされたネイティブたちの怒りが心頭に達し蜂起すると、白人を追い払って鉱山の入り口を塞いでしまったという。ビッグベンドには未だに豊かな銀が埋まっているのかもしれない。

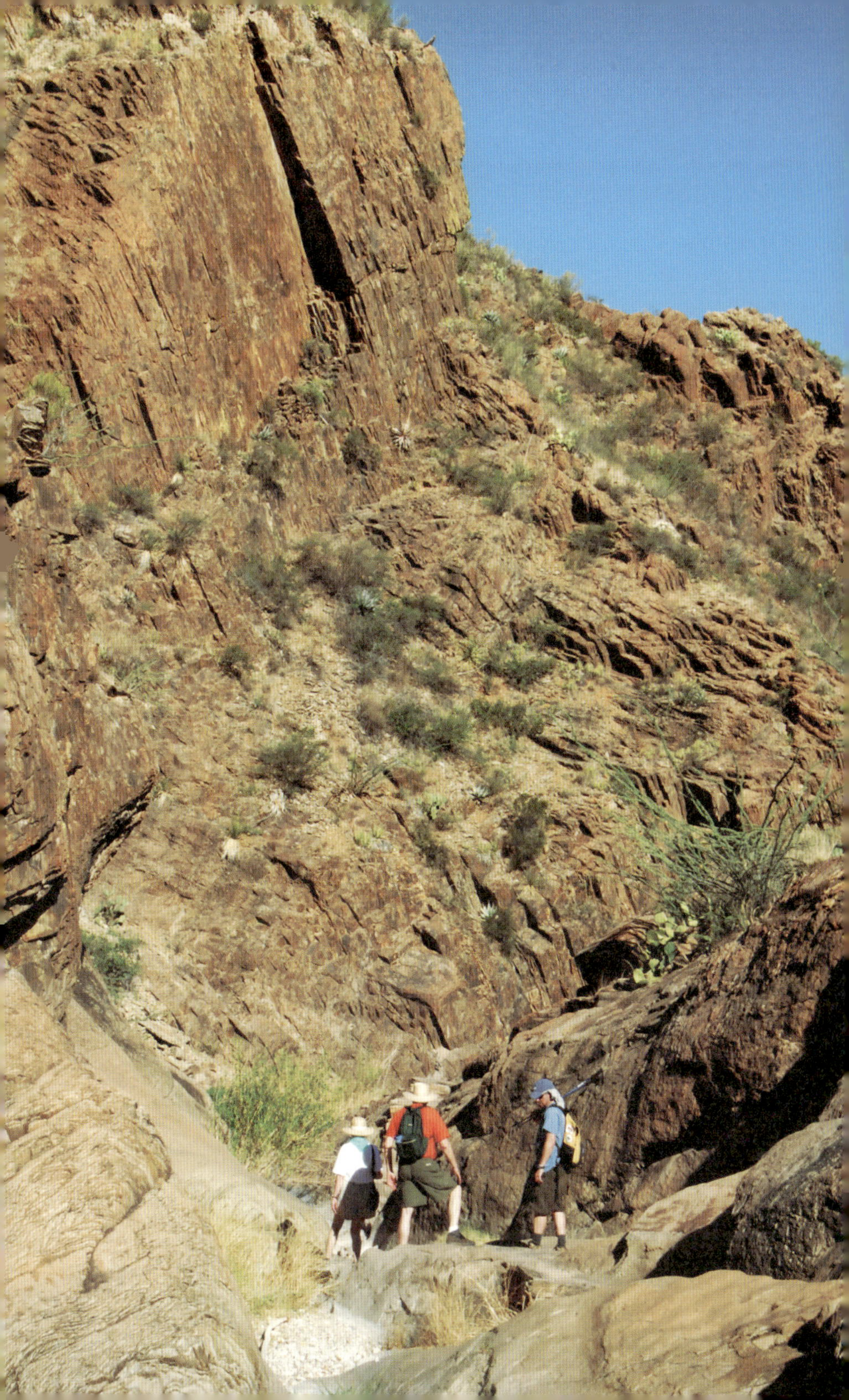

この国立公園を訪ねるなら、秋から冬がベストシーズンだ。なにしろ夏の砂漠は猛烈に暑い。110°F というから 44℃にも達する。乾燥した猛暑はとても観光には適さない。逆に冬には、涼しい山々、肥沃な川の流域が信じられないほど豊かな生態系を生み出す。60 種類のサボテンを含む 1200 の植物種は世界中の国立公園を見渡しても最多。450 種の鳥も全米最多を誇る。さらに、600 以上の動物種、3600 の昆虫種が生きているのである。夏の乾ききった状況から想像できない命の開花がビッグベンドの魅力といえる。なお、バードウォッチングのベストシーズンは 3~5 月となっている。

　パーク内でのアクティビティは、主にハイキングとなる。トレイルを歩いていると、ユッカやたくさんのサボテン、ブッシュなどチワワ砂漠の特異な植物に多く出会える。

　また、ウインドー（窓）と呼ばれるビューポイントは、文字通り岩壁に開いた窓。這いつくばって恐る恐る下を覗くと大空と絶壁であった。日本ならこんな危ないところには間違いなく立入禁止か、頑丈な柵で塞がれるだろうが、それでは景観が台無しになる。こんな経験もアメリカ国立公園ならではだ。

　なお、ビッグベンドにはひとつ、渋い勲章がある。それは、訪れる人が最も少ない国立公園の 1 つであること。年間のビジター数は 30 万人ほどと言われている。飛行場のある最寄りの大きな都市はエルパソで、325 マイル彼方だ。

　リオ・グランデ、メキシコ国境、広大なテキサスの僻地とそこに生きる特殊な植物、動物。それらを体感したい人たちにぜひ訪れてほしい国立公園だ。

行き方　　　　　　　　　　　　　　　　　　How to get there
最寄りの都市はエルパソ。デルタ航空などの便がある。ここからレンタカーで行くのが一般的。325マイル。オデッサからは230マイル。

適した季節　　　　　　　　　　　　　　　　When to go
気候がマイルドになる秋から冬、春がおすすめ。11月～5月に訪ねたい。

予約　　　　　　　　　　　　　　　　　　　How to reserve
パーク内のホテル（ロッジ）は1か所、チソスマウンテンロッジ（chisosmountainslodge.com/lodging/）。120～150ドル。パーク内のキャンプ場は、Rio Grande Village、Chisos Basin campgrounds、Cottonwood Group Campgroundなど。10～18ドル。11月中旬から4月中旬までは予約可能。それ以外はファーストカム、ファーストサーブ。

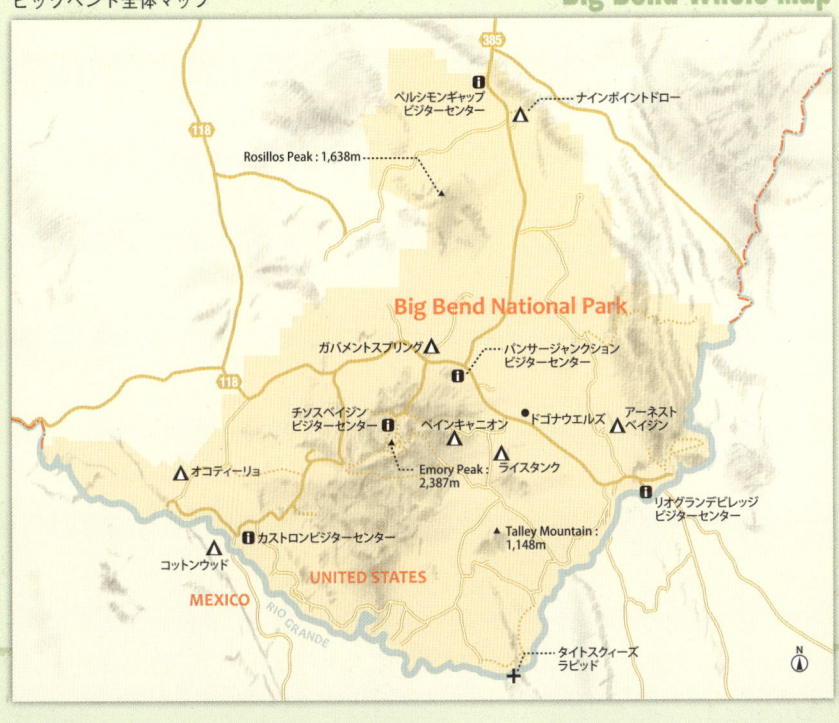

ビッグベンド全体マップ　　　　　　　　　　　　# Big Bend Whole Map

- ペルシモンギャップビジターセンター
- ナインポイントドロー
- Rosillos Peak : 1,638m
- **Big Bend National Park**
- ガバメントスプリング
- パンサージャンクションビジターセンター
- チソスベイジンビジターセンター
- ペインキャニオン
- ドゴンウェルズ
- アーネストベイジン
- オコティーリョ
- Emory Peak 2,387m
- ライスタンク
- リオグランデビレッジビジターセンター
- カストロンビジターセンター
- コットンウッド
- Talley Mountain : 1,148m
- UNITED STATES
- MEXICO
- RIO GRANDE
- タイトスクィーズラピッド

テキサスの僻地に位置する国立公園に到着。とにかく暑い！

切り立つ岩山のトレイルに挑む。

岩場には驚くほど多様な植物が生きている。

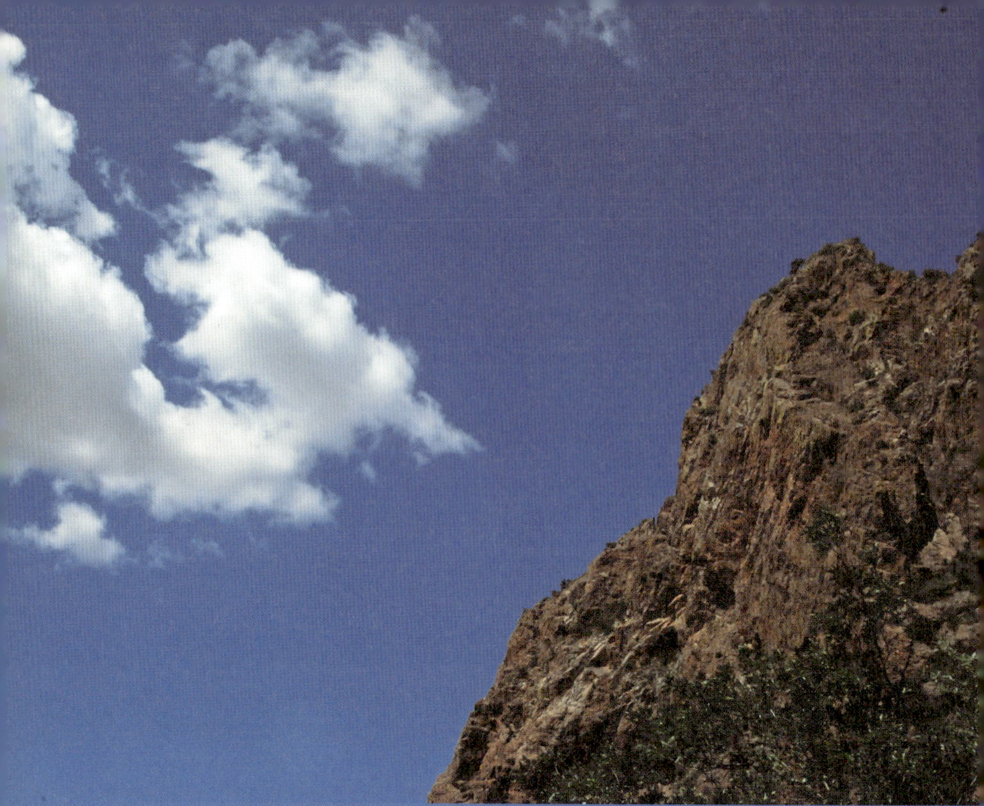
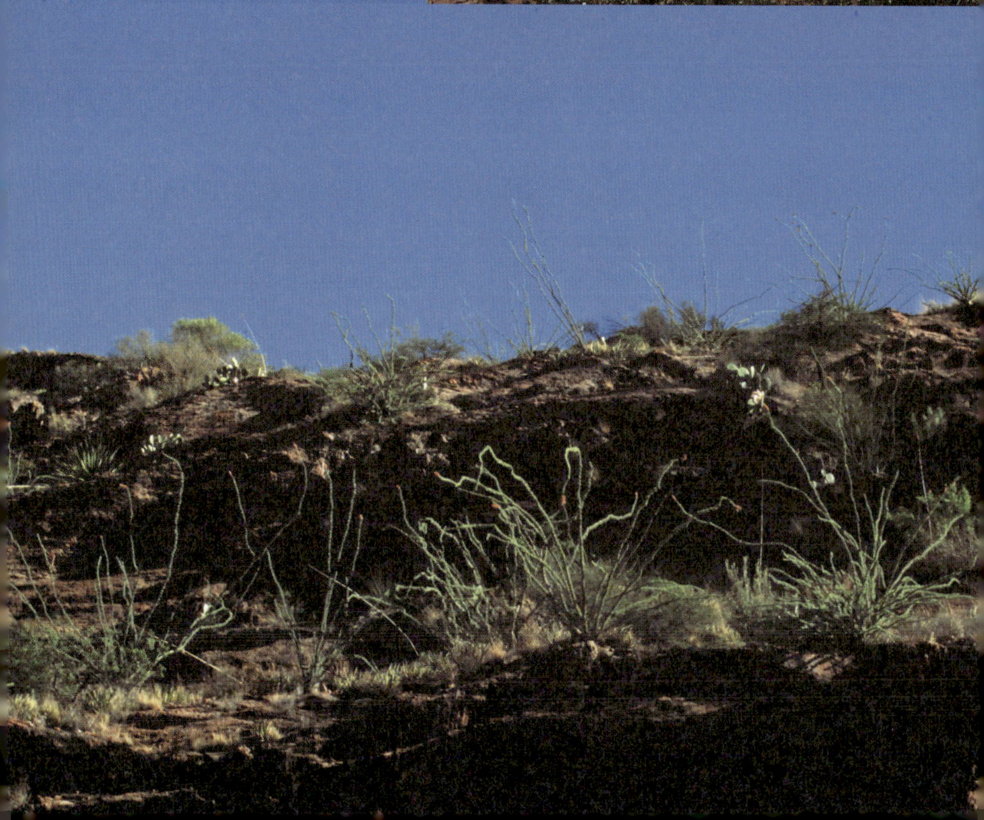

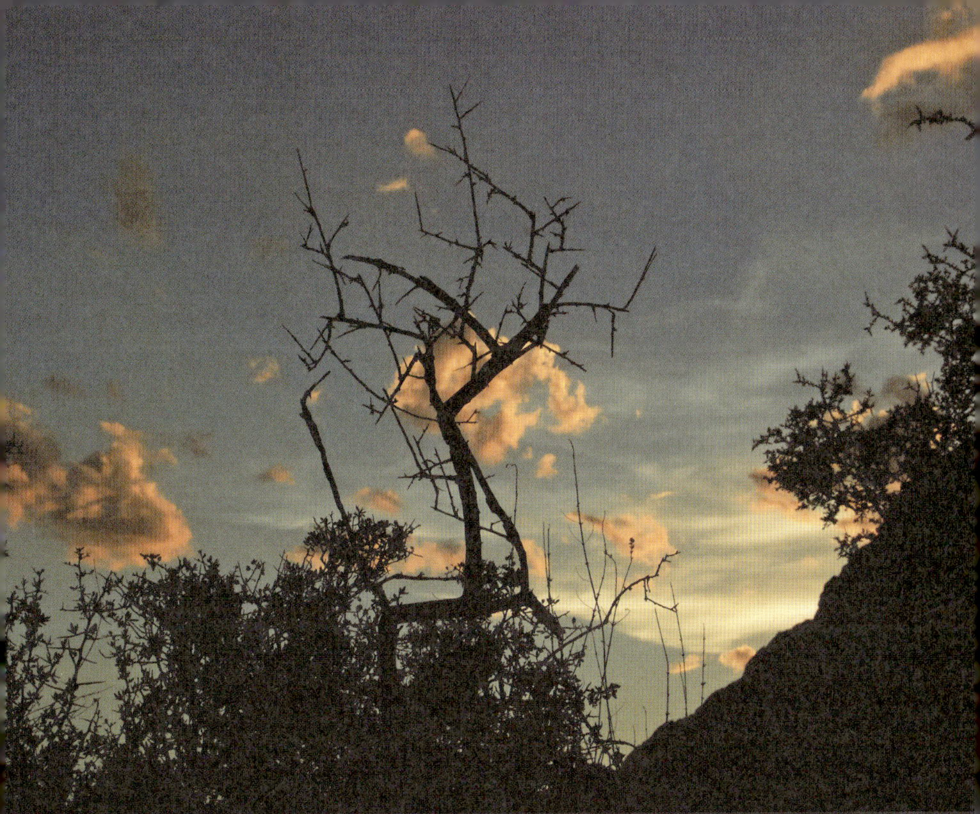

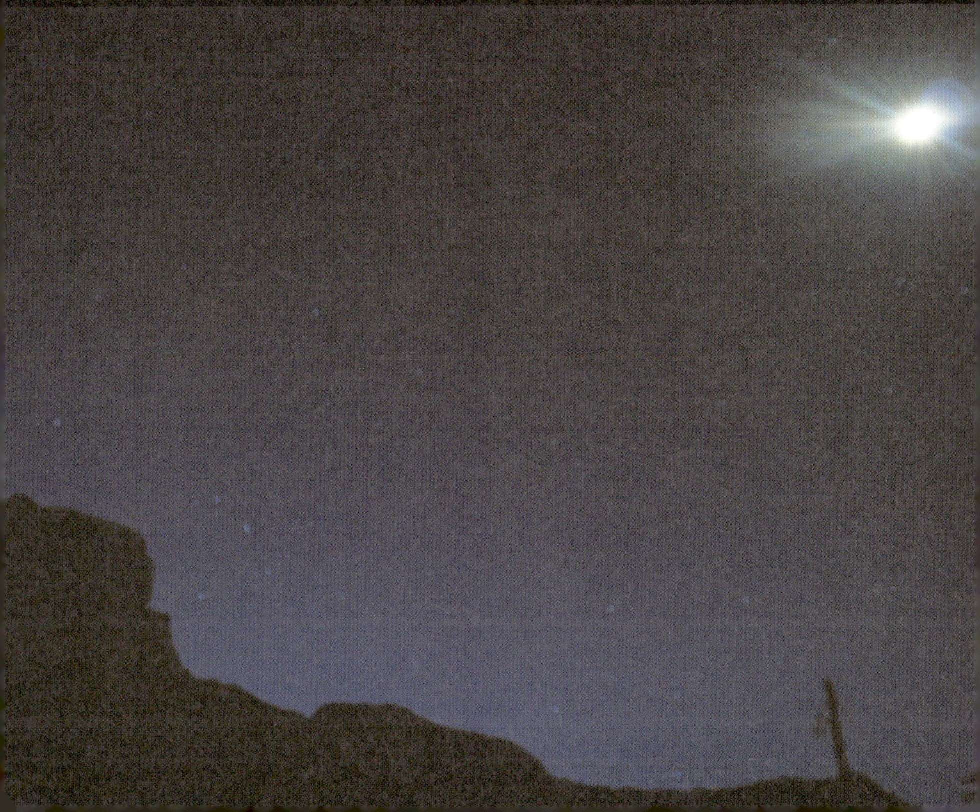

僕のビッグベンド滞在記
My stay in Big Bend NP

砂漠での滞在は暑さ・乾燥との戦い

　ぼくが愛用しているナショナルジオグラフィック製「ロードアトラス」には、主要国立公園の紹介が載っている。旅行の計画を立てていたある日、こんな解説に遭遇した。
「メキシコ国境にぽつんと孤立したビッグベンド国立公園は、さまざまな顔を持つ。砂漠、川、山などが一体になり、驚くべき地形を形成。そして、特異な植生と野生動物が棲む不思議な世界にあなたは必ず目を見張るに違いない。モミの木、ユッカ、ロードランナー、すっぽん、ビーバー、メキシカンロングノーズコウモリが待っている」
　ビッグベンド？　聞いたこともない国立公園を地図上に探すと、リオ・グランデが流れるメキシコ国境にぽつんと存在している。突然、そこに行ってみたくなった。魅力的な文章に誘われて、ロードアトラスに丸印を打つ。
　テキサスは広い。アメリカをドライブしたことのある人なら誰もが感じることだろう。行っても行ってもテキサスだ。ニューメキシコ州の大洞窟、カールスバッド国立公園見学後、ぼくはひたすらクルマを走らせてビッグベンドを目指した。走るほどに景色は砂漠に埋もれ町も人も陽炎に消えていった。そして、とにかく暑い。
　ようやく辿り着いたビジターセンターでキャンプ場へのチェックインを頼むと、「チソスがいいわね。少しはマシよ」と暑さにうんざりした顔でレンジャーが応えてくれる。標高の高いチソスベイジンに行けば、気温が15度違うという。ただ15度といっても華氏だ。摂氏に換算すると約8度。現在地が40度超、山の上なら32度くらいか。バナゴンもさすがにオーバーヒート気味。坂で一休みを余儀なくされる。
　キャンプサイトには日除けもあるが、それで凌げる暑さではない。夕方のハイキングは快適、奇岩カサ・グランデにかかる星空は見事だったが、昼間の暑さはいかんともしがたい。5日くらいたっぷりと楽しむつもりだったが、2泊で退散することにした。チェックインしたのが6月10日。ガイドブックを読んでシーズンを選ぶ大切さを実感……。

リオ・グランデは泥濁りで思いの外、細かった。対岸はメキシコ。

EVERGLAD

エバーグレーズ国立公園

本部：40001 State Rd. 9346, Homestead, FL 33034
305-242-7700
http://www.nps.gov/ever
設立：1947年12月6日
広さ：1,507,850エーカー
入場料：クルマ10ドル。バイク・徒歩・
自転車・バス5ドル/人（1週間）

特異なエコシステムを形成する
動植物のラストパラダイス

　誠にお恥ずかしい話だが、長年、エバーグレース Ever Grace 国立公園と間違えて認識していた。Evergreen などの単語から勝手に「永遠に美しい公園」と誤解していたようだ。もちろんそんな言葉はない。

　アメリカは広く豊かな自然に恵まれている。だから素晴らしい国立公園もたくさんあってぼくたちを喜ばせてくれる。しかし、その多くは森、岩場、砂漠とそのミックス。海を舞台にした国立公園は極めて少ない。その代表がフロリダ半島の先端に位置するエバーグレーズだ。

　エバーグレーズの特徴は、その特異なエコシステムに尽きる。海水、淡水、その混じり合った広大な汽水域。温帯と亜熱帯が入り組む気候。湿地帯ばかりかと思いきや、低い草が一面を覆うプレーリーやジャングルの様相を示す丘もある。この多様な気候、地形に育まれ、たくさんの動植物が独特のライフサイクルを作っているのである。

　国立公園内に住む哺乳類は、希少種フロリダピューマ、人魚のモデルになったといわれるマナティを含み40種。ヘビは26種類、トカゲは10種類、そしてなんといっても360種類の鳥。さらには豊富なバクテリアを求めるたくさんの魚、カメ、虫、チョウ、カタツムリ。そして、それらの食物連鎖の頂点に立つ2種類のワニ。

　クロコダイルファーム、いわゆるワニ園に行けばワニがウヨウヨいて当然だが、自然の環境の中でこれだけのワニがいるところは希だろう。トレイル上にも遠慮なく現れて日向ぼっこをしている。ただし、油断させておいてガブリとエサをとるのが彼らの作戦。5メートル以内には近づかないに限る。

　アーネストFコー・ビジターセンターからほど近いロイヤルパームでは、ボードウォークを歩きながらレンジャーが分かりやすく自然のサ

ES

イクルを解説をしてくれる。たくさんの動物に会いながら生態系を学ぶ絶好のチャンスだ。子ども連れでも十分に楽しめる。

　エバーグレーズ国立公園は訪れるシーズンを絶対に間違えたくない場所のひとつ。6月から10月までの雨季には猛烈な蚊の大群が発生する。幸いにも伝染病を媒介する種類はいないが、とても耐えられるものではない。激しいストームやハリケーン、洪水が頻発するのも夏の時期だ。フロリダ＝夏、と連想をしがちだが、観光のベストシーズンは12月〜4月の冬の時期なのである。

　パークは大きく2つの地域に分けられる。北側のUS41からエントリーするシャークバレー、ガルフコーストエリアと、アーネストFコー・ビジターセンターから入る南側のエリアだ。

　コンパクトに見どころが並ぶのは南のエリア。公園に入ってすぐのロイヤルパームは前述のように鳥やワニが容易に観察できる人気スポット。その先にあるパ・ヘイ・オーキー・オーバールックからは独特のプレーリーを一望できる。バードウォッチングをしながらのハイキングが楽しめるナインマイルポンド、ウエストレイク、エコポンドもメインロード沿いからアクセスが容易だ。

　そして、40マイルのドライブの終点がフラミンゴ地区。ビジターセンター、食堂、スーパーマーケット、ボートランプ、キャンプ場などがある観光の中心地だ。ここでカヌーなどの貸し出しも行っている。パッと見には分からないが、水深は極めて浅い。せいぜい膝ほどである。初心者でも危険はないので、ぜひカヌーに挑戦してみたい。マングローブの生い茂る水路をゆっくりと進みながら鳥たちを間近に観察することこそ、「オンリー・エバーグレーズ」を体感するベストな方法だ。

　最後にひとつ注意。フラミンゴでは電話もwifiもまったく通じない。都会的生活は忘れるに限る。そこは、ただ美しい自然が広がるだけの永遠のエバーグレーズなのである。

行き方　　　　　　　　　　　　　　　　How to get there
マイアミ空港から有料道路ターンパイクを一路南下、エントランスシティのホームステッドからパークゲートへは15分ほどと利便。マイアミからは50マイル、約1時間半。マイアミ市内からツアーバスも出ている。

適した季節　　　　　　　　　　　　　　　　When to go
雨季は雨と蚊、蒸し暑さに悩まされる。乾季（12月〜4月）に訪れるのがいい。ただし、乾季でも虫除け対策は必要だ。

予約　　　　　　　　　　　　　　　　How to reserve
園内のホテルはハリケーンの被害以来、営業停止が続いている。ホームステッド、フロリダシティのモーテル利用が便利。キャンプ場は2か所、FlamingoとLong Pine Key。予約ができるのはFlamingoのみ。16ドル。
http://www.recreation.gov/

エバーグレーズ全体マップ / Everglades Whole Map

- ガルフコーストビジターセンター
- チョコロスキー
- THOUSAND ISLANDS
- Wilderness Waterway
- マイアミへ
- シャークバレービジターセンター
- SHARK RIVER SLOUGH
- **Everglades National Park**
- ロングパインキー
- ロイヤルパーム
- アーネストFコービジターセンター
- ホームステッド
- ウエストレイク
- フラミンゴ
- フラミンゴビジターセンター
- FLORIDA BAY
- キーラーゴ
- ATLANTIC OCEAN
- キーウエストへ

ロイヤルパームのトレイルは足場も良く、子どもでも安心して探索できる。

滞在したフラミンゴ・キャンプグラウンド。かつては本当にフラミンゴがいたらしい。

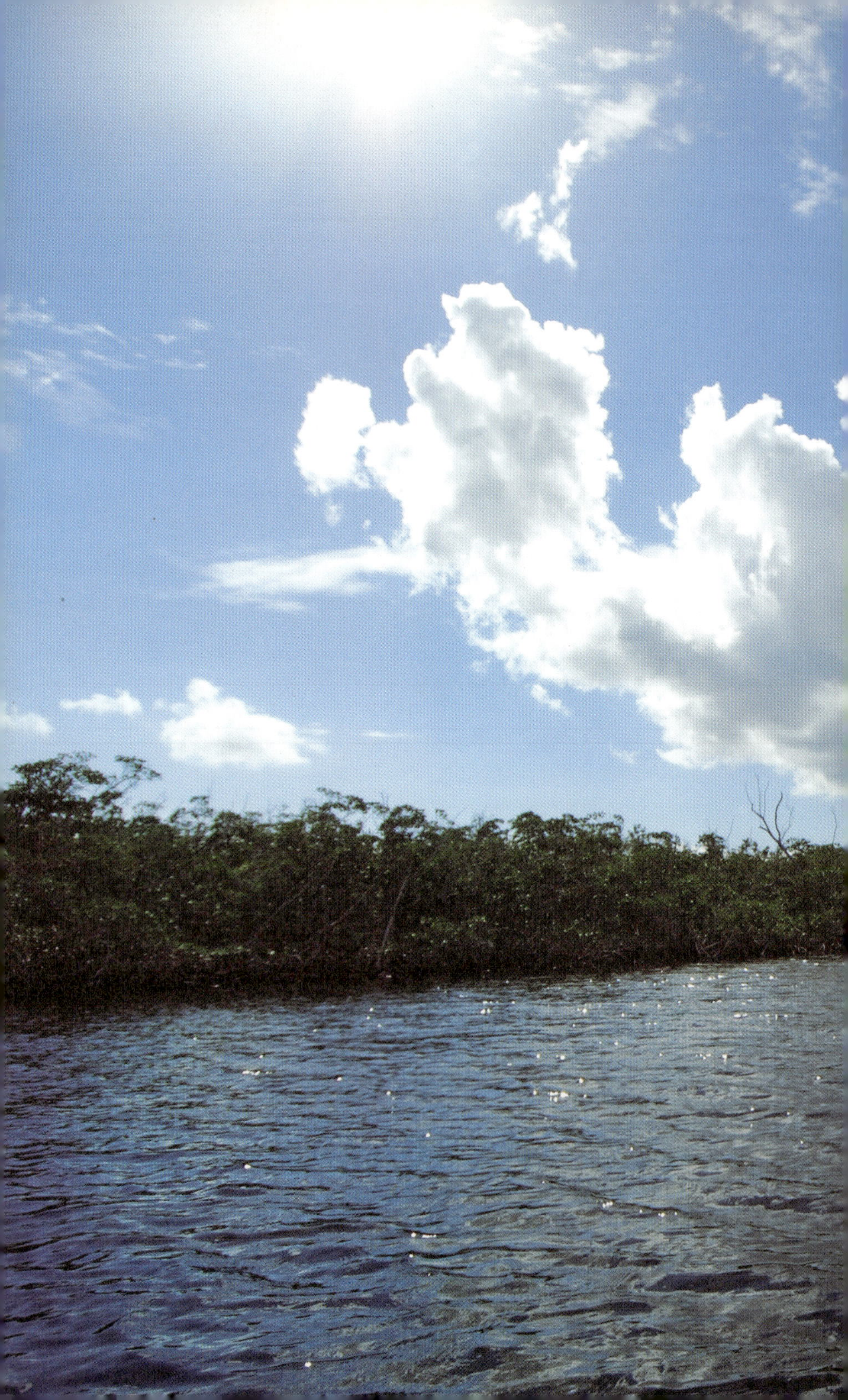

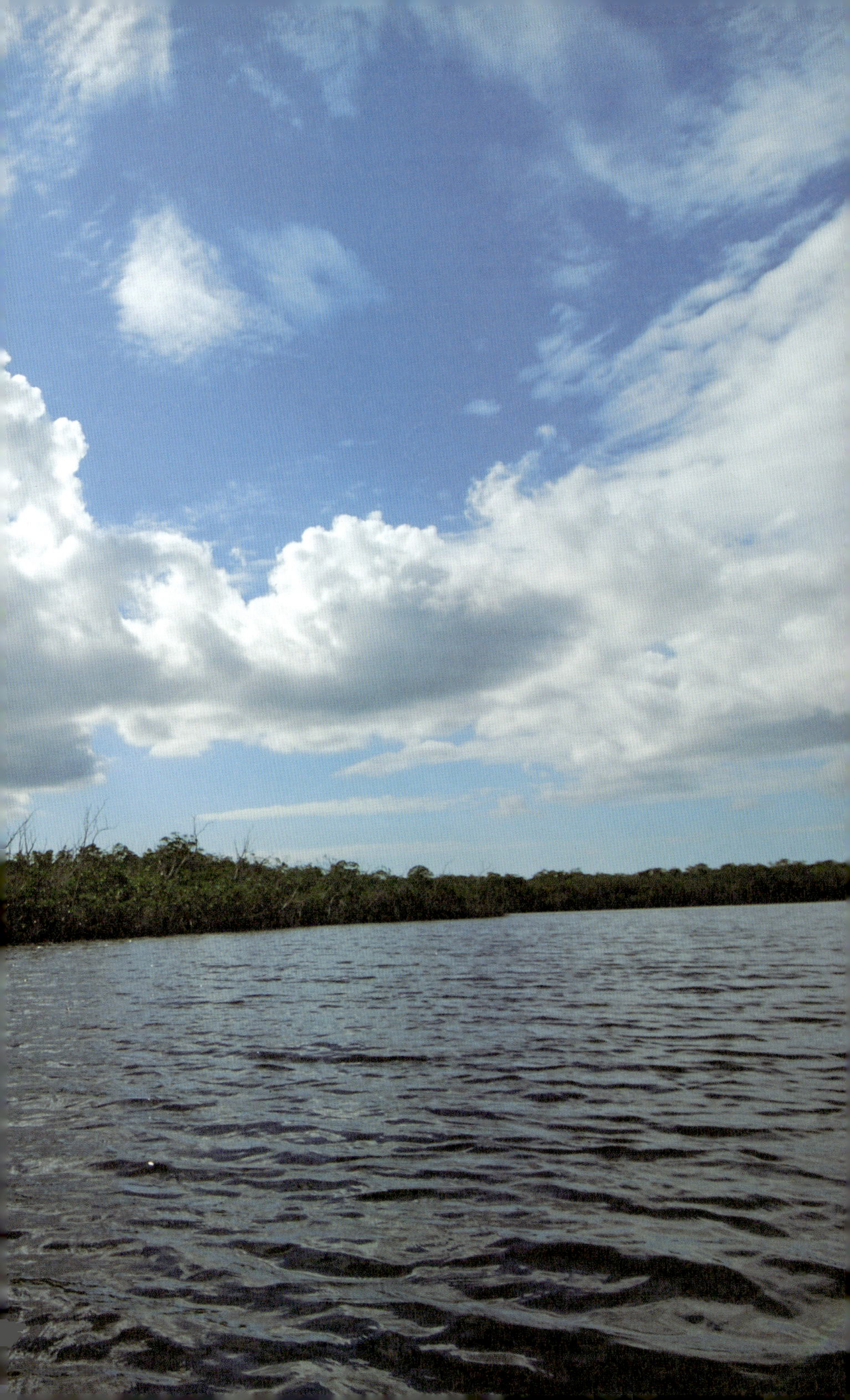

EVERGLAD

エバーグレーズ NP の楽しみ方　　How to visit

　豊富なエサと住み心地のいい巣を作る環境に恵まれエバーグレーズは、鳥たちのサンクチュアリである。特別なことをしなくても鳥たちをじっくりと観察することが可能だ。ぼくもまったくの門外漢ながら時間を忘れてバードウォッチングを楽しむことができた。ペリカンをあんなに間近で見たのは初めて。ぜひ双眼鏡を持ちビジターセンターで鳥の図鑑を手に入れて、エコポンドなどのスポットに出かけよう。早朝と夕方がチャンスだ。そのときのために双眼鏡はお忘れなく。

　フィッシングファンにとってもエバーグレーズは憧れの場所。フライフィッシング、ルアーフィッシング、どちらでも大物が狙える。こちらも冬の間がベストシーズンとなる。スヌーク、ターポン、レッドフィッシュなどが獰猛な戦いを挑んでくる。ガイドを雇うのが一番確実だが、ビジターセンターでライセンスを購入してカヌーでポイントを回るのもいい。超 A 級の釣り場を制覇したい。

　しかし、エバーグレーズ一番のアクティビティといえば、なんと言ってもカヌーだろう。モーターで動かす乗り物よりも自分の力で行く乗り物がよく似合う。1 日カヌーを借りて水路を漕ぐだけでも十分に満喫できる。シングル、タンデム、子ども用と何でも揃っている。レンジャーがデイコースを教えてくれる。

　カヌーのベテランのためにウィルダネス・ウォーターウエイという偉大なコースを紹介したい。パーク南端のフラミンゴと北端のガルフコースト両ビジターセンターをつなぐ、99 マイルのカヌーのための自然水路だ。バックカントリーのキャンプ場に宿泊しながら 1 カ月かけて行くことになる。一生の思い出となること間違いない。

　パークからは離れるが、キーへのドライブもお勧めだ。ホームステッドから先端のキーウエストまで約 100 マイル。言わずと知れたダイビング、シュノーケリング、スポーツフィッシングのメッカだが、日帰りのドライブも十分に楽しめる。旅の計画に加えてはいかがだろうか。

ES

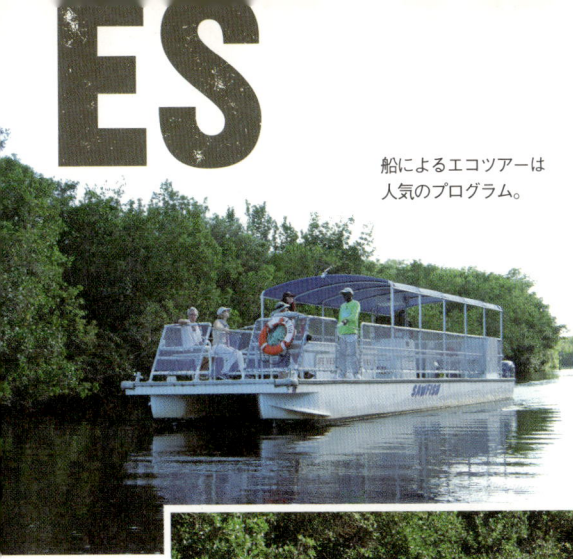

船によるエコツアーは
人気のプログラム。

パークゲートのサインボード。

レンタルカヌーを楽しむのが
エバーグレーズ・スタイル。

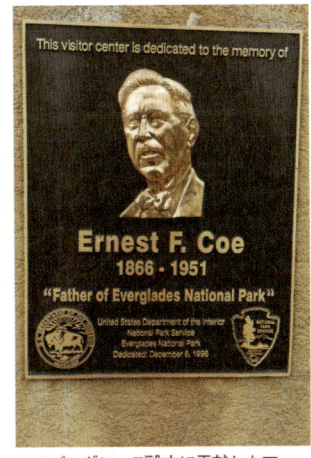

エバーグレース設立に貢献したアーネストF.コーのレリーフ。ビジターセンターの名前にもなっている。

クラシックなたたずまいのフラミンゴ・ビジターセンター。ゲートから約1時間。

こちらアーネストF.コー・ビジターセンターとお土産屋さん（左）。

ぼくのエバーグレーズ滞在記
My stay in Everglades

幻のまま残ったアングラー最後の目標

　本題に入る前に、まず問題。「イージーライダー」「真夜中のカーボーイ」「ストレンジャー・ザン・パラダイス」、3本の映画に共通するストーリーとは？　答えは後ほど。
　2008年に全米一周放浪キャンプの計画を立てたとき、エバーグレーズ国立公園は、当然その旅程に入っていた。なにしろ、「全米一周」である。フロリダの端まで行かないと偽りの看板になってしまう。しかし、実際は当初よりも内側を回る準一周コースに計画は変更され、エバーグレーズは断念された。アメリカは広い。それが唯一の理由だった。
　その時以来、エバーグレーズは「残された目的地」として、ぼくの心の中で気になる存在であり続けた。いつか到達しないと気が済まない、特別な地となった。
　エバーグレーズに対する特別な思いにはもうひとつの理由があった。それは、スポーツフィッシングを愛する者としての憧れだった。特にルアーキャスティングを自分のスタイルとするアングラーにとって、エバーグレーズは特別な場所だ。マングローブの根元に正確なキャストを繰り返し、ランカー級のスヌークを引き出す釣りのスタイルは、このフィールドでしか味わうことのできないゴールなのだ。
　2012年秋、憧れを現実にするための準備がスタートした。まずはメンバーである。旅は一人がいいと公言しているぼくだが、今回は違った。現地のフィッシングガイドを1日チャーターすると、6万円近くかかる。これを一人で負担するのは、やや重い。しかも、万が一、釣果が悪くてもう一日、となる可能性がないとはいえない。
　そこでぼくは古い釣り仲間、S氏を相棒に指名した。国内各地はもちろん、オーストラリア、マレーシアなどの海外釣行も一緒に経験した同好の士である。何よりも同じフィッシングスタイルを好むことが決め手となった。
「エバーグレーズ？　スヌーク？　1月？　いいね。行こう！」
　思い通りの入れ食いである。釣りもこれくらいイージーなら苦労はな

いのだが。
　次にクルマの手配だ。バナゴンのキャンピングカーはすでに手放している。そこで思いついたのがレンタルキャンパーだ。バナゴンをサイトに止めテントを張るとき、周囲にはいつも大型のモーターホームがいた。もしも次に長い旅行に出るときのために、モーターホームの使い勝手を試してみたい。その気持ちは常にあった。今回はその体験試乗にぴったりではないか。
　調べてみると、レンタルキャンパーの手配のみならず旅行の計画にも相談に乗ってくれる心強い日本の会社があった。トラベル・デポさんである。相談すると気軽に取材に協力してくれることになった。C-25というモーターホームの中では小型のモデルを3泊4日お借りすることになった。これでますます旅が楽しくなるぞ！
　準備はどんどん進む。National Park Service(www.nps.gov)のホームページにアクセスし、キャンプ場を探す。RVサイトが予約ができるのは、パーク南端のフラミンゴキャンプグラウンドのみと分かる。2013年1月16、17日に2泊3日の予約を入れる。3泊目はどうなるか分からないので保留とする。

「釣れすぎて疲れたらキーウエストまでドライブしようぜ」
　新宿で景気よく作戦会議かつ前祝いをするうち、気持ちと計画がますます大きくなる。アメリカで最大級のサービスを誇るアラモレンタカーに協力を依頼し、キーウエストへの足も確保した。もちろん、最高の釣りガイドもゲット。「ベストシーズン、釣果はお任せください」と連絡が入る。準備は万端だ！
　1月15日、アトランタ経由でマイアミに入る。空港近くのホリデーインに投宿、またも前祝いとなる。釣り道具をチェックしながら、それぞれの戦略を語り合う。これが楽しい。
　翌日、予定通りキャンピングカーをピックアップし、憧れのエバーグレーズ国立公園へ。すぐに湿地が広がっているかと思ったが、そこはプレーリーと呼ばれる草原であった。ガイドブックの説明によるとピューマも住んでいるとか。さすがに懐が深い。
　1時間ほどのドライブでフラミンゴ・キャンプグラウンドへと到着。クルマのフックアップをセットし、さっそく乾杯の儀式を執り行う。プシュッ。自転車でパーク内を軽く探索した後、ステーキを焼き、飛び交う鳥と夕焼けを眺めながらのディナーとなった。初の本格キャンピングカーは、本当に快適。コレ、おすすめです。
　翌日、ガイドのラウル君とボートランプで待ち合わせる。7時半、出発。ちょうど朝が明けてくる絶好の時間だ。いったいどんな大物がぼくたちのルアーにアタックするのだろう。マングローブが茂る独特の汽水に目を奪われながら、気持ちの昂揚を抑えることができない。いつの間にかイルカが並走してぼくたちを歓迎してくれる。
　しか〜し、である。遠くに見えていた雨雲がぐんぐん近づいたか思うと、猛烈な雨が降ってきた。用意しておいたレインウエアを慌てて着込む。風も強くなりラウル君がボート操作に苦労する。フロリダのスポーツフィッシングというよりアラスカの漁師という様となってしまった。ラウル君曰く、スヌークは雨が降って水温が下がるとまったくエサを追わなくなるのだという。
　かくして、大々的に本書を飾る予定だったぼくが巨大なスヌークを抱えた写真は、永遠の幻となってしまった……。
　さて、冒頭の問題の答え。ぼくが大好きな3本の映画に共通するストーリーとは、「フロリダを目指し、そこに到着できないこと」。フロリダに夢を求め挫折する。ぼくたち中年アングラーがフロリダに賭けた夢も、簡単には現実にはなってくれなかったのである。

とにかく鳥や水棲動物の宝庫。野生動物のエコシステムを間近に見ることができる国立公園という意味では、間違いなくトップクラス。

今回の取材ではレンタルキャンピングカーを利用し、快適な滞在を楽しんだ。

On The Road
Evergrales NP >>> Key West

エバーグレーズを3日間堪能したら、次はキーウエストだ。メキシコ湾に連なる群島をつなぐ海のハイウエイ。ラテンの香りがプンプンと漂う超一流リゾートを縫って片道100マイルのドライブを満喫する。

キーラルゴ
Key Largo
ドライブの前にまずはキューバ料理で腹ごしらえ。甘ったるいキューバンコーヒーはカリブのまどろみ。

セブンマイル・ブリッジ
Seven Mile Bridge
オーバーシーズハイウエイの名所、7マイルブリッジ。アメリカメインランド最南端の町はもうすぐだ。

National Key Deer Refuge ↓

ナショナルキー ディア リフュージュ
National Key Deer Refuge
こんな珊瑚の島にシカがいるのも不思議だが、絶滅の恐れがあるキーディア800頭の保護地区となっている。

Key West ↓

キーウエスト
Key West
ついにキーウエスト到着。US 1（1号線）の起点、0マイルを確認する。敬愛するヘミングウエイが通ったバーも車窓から見学。

キーウエスト エイズ メモリアル
Key West Aids Memorial
島の先端にある公園でフロリダ海峡を眺める。海の先にあるのはカリブの島々。

Key West Aids Memorial ↓

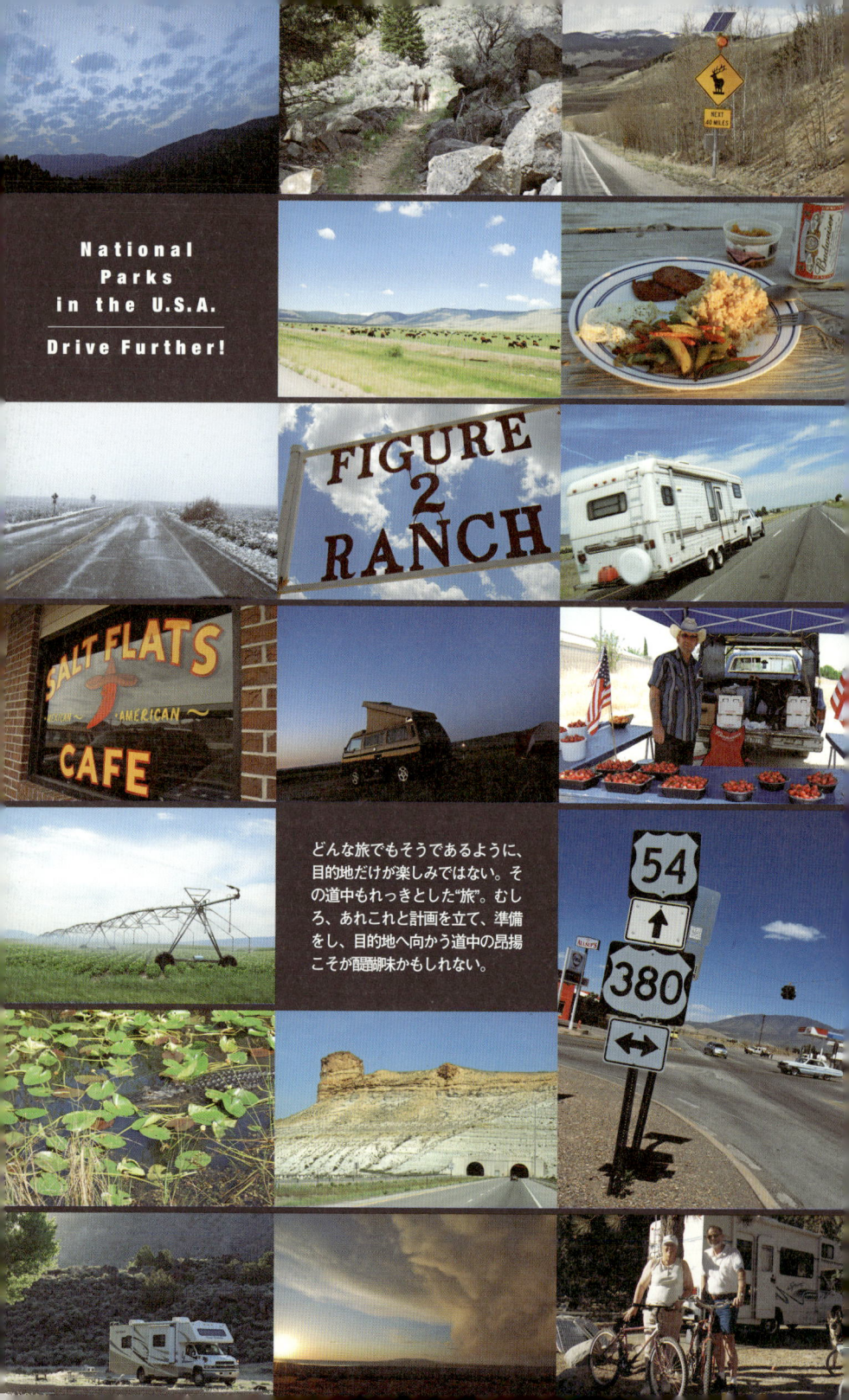

National Parks in the U.S.A.

Drive Further!

どんな旅でもそうであるように、目的地だけが楽しみではない。その道中もれっきとした"旅"。むしろ、あれこれと計画を立て、準備をし、目的地へ向かう道中の昂揚こそが醍醐味かもしれない。

旅のお楽しみは食事だ。アメリカは広い。地方ごとの異なる食文化を楽しもう。そして、忘れてならない野外料理。きれいな空気の中で味わえば、多少見栄えが悪くても「うまい！」と声が出る。

アメリカのフリーウエイと日本の高速道路。もしも同じようなものと考えていたらそれは改めて欲しい。フリーウエイは、どこまで行っても無料。そして、驚くべき絶景が次々と目の前に現れる。

古い町並みが好きだ。今でも残る味わいのあるモーテルの看板、ガスステーションのポンプ。今では国内便がバスのように飛び回るアメリカだが、陸路しかなかった時代の夢の跡を追ってみる。

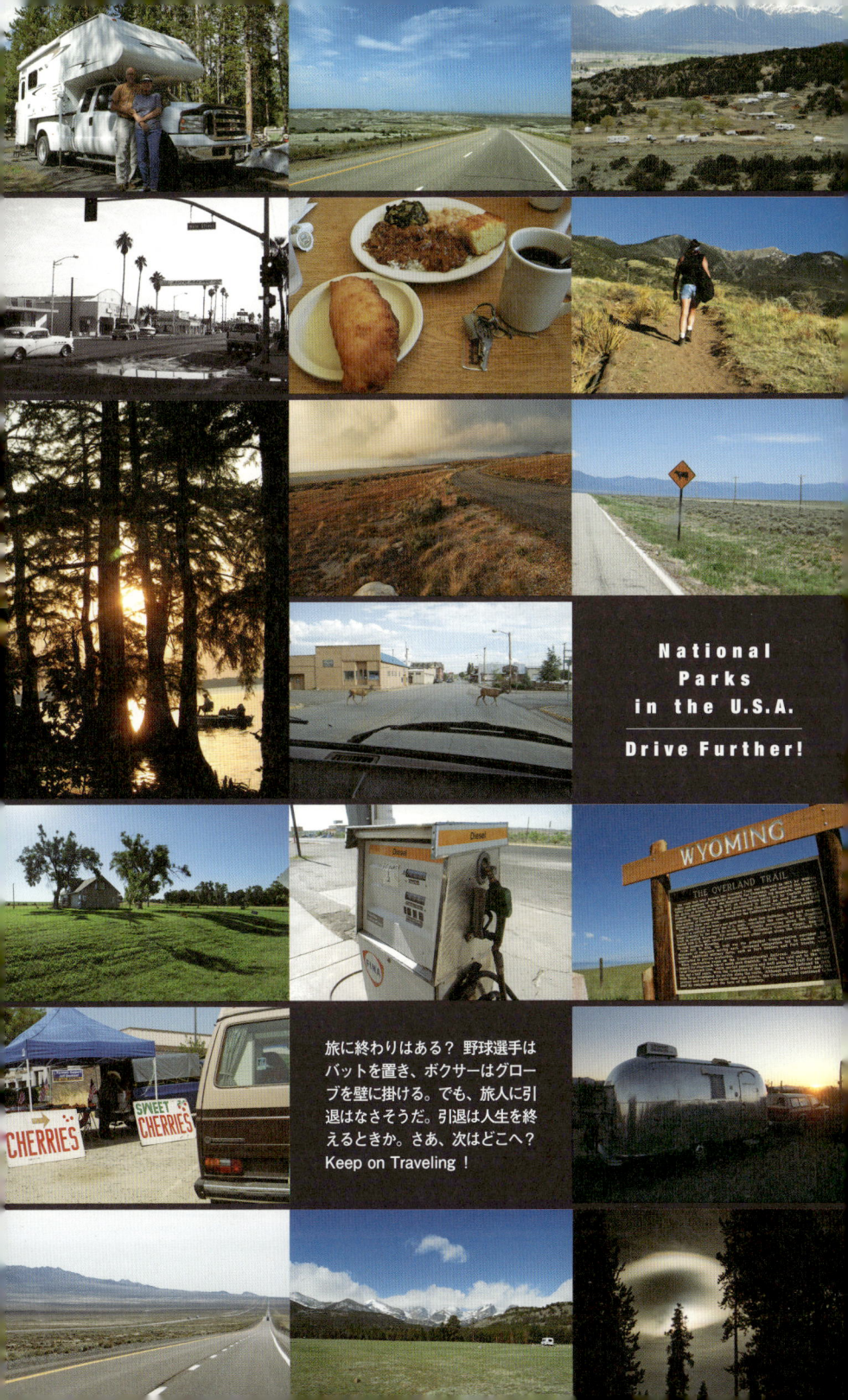

National
Parks
in the U.S.A.

Drive Further!

旅に終わりはある？ 野球選手はバットを置き、ボクサーはグローブを壁に掛ける。でも、旅人に引退はなさそうだ。引退は人生を終えるときか。さあ、次はどこへ？
Keep on Traveling！

Column 4 — The Grapes of Wrath

カリフォルニアを目指す家族の物語
「怒りの葡萄」に感激

　日本でも外国でも学生街を歩くのが好きだ。ずかずかとキャンパスにお邪魔して、学食でお昼を食べたり本屋を物色する。不思議と自分も若返った気分になる。

　例によってUCバークレー校周辺をぶらぶらしていると、一冊の本が目に留まった。ジョン・スタインベックの代表作、「怒りの葡萄」である。自分の英語力で読破できるか自信がなかったが、セコイヤ国立公園への旅のお供に抜擢することにした。

　舞台は1930年代、主人公トム・ジョードはオクラホマの貧しい農民だ。厳しい天候と機械化で農地を失った家族はカリフォルニアを目指す決心をする。彼の地は明るく豊かで、素晴らしい生活が待っているという。

　夢を追う西進が始まる。しかし、現実は優しくない。過酷なキャンプ生活、家族の死、仲間割れ。這う這うの体でシェラネバダを越え、ついに見下ろすサクラメントバレー。森のキャンプ場でぼくはいつしか物語に引き込まれ、ときに涙ぐんでいた。

　アメリカを知るのに旅は欠かせない。その旅が希望に満ちたものであろうと、そうでなかろうと、旅を題材にした小説、映画、歌の名作は多い。それは大陸を進み、山を越えることがアメリカ人の原点だからに違いない。

　スタインベックには「チャーリーとの旅」というエッセイ作品がある。1960年代にトラックを改造したキャンピングカーで全米を放浪する話である。ノーベル賞作家と自分を比べるのはあまりにおこがましいが、一方的にシンパシーを感じている次第である。

第2章

まだまだあるよ！
オススメ国立公園5

第1章で大きく紹介する公園を10箇所に絞るために、
断腸の思いで削った公園をここでご紹介。
本当はどの国立公園も味わい深く、優劣なんてつけられない。
だから、自分だけの公園を見つけてもらうための
きっかけになればとの思いで、更に5箇所選んだ。

132 Joshua Tree

134 Antelope Island

136 Craters of the Moon

138 Great Sand Dunes

140 Biscayne

JOSHUA TR

ジョシュアツリー国立公園

本部：74485 National Park Dr., Twentynine Palm, CA 92277
　　　760-367-5500
　　　http://www.nps.gov/jotr
設立：1994年10月31日
広さ：794,000エーカー
入場料：クルマ・バイク15ドル。
　　　　徒歩・自転車・バス5ドル/人（1週間）

LAからの日帰りも可能
砂漠の多様な美しさを楽しむ

　ロスアンジェルスを起点に考えると、ジョシュアツリーほどアクセスのいい国立公園はないはずだ。I-10に乗り一直線、約140マイル、2時間ほどのドライブでパークのエントランスに着いてしまう。
　ジョシュアツリー国立公園の特徴は、さまざまな砂漠の美しさを楽しめること。公園の西側は標高1000メートルを超える"ハイデザート"のモハベ、東側に行くにしたがって標高が下がり"ローデザート"のソノラとなる。2つの異なった砂漠が同居する国立公園はほかにない。パーク北西のジョシュアツリー・ビジターセンターから入り、南東のコットンウッドビジターセンターに抜けるコースを選べば、効率よく多様な砂漠を体感することができる。
　公園の名前にもなっているジョシュアツリーは、ユッカ（リュウゼツランの仲間）の一種。葉と枝が作る奇妙なシルエットは一度見たら忘れることができない。これも砂漠が生み出した神秘の一端といえる。
　コットンウッドビジターセンターからトレイルを行くとロストパーム・オアシスに出る。オアシスとは正反対の現在は乾いた岩場だが、不思議なことに青々とパームツリーが葉を茂らせている。かつて豊かな川が流れる本当のオアシスだったそうで、そのころ流れ着いたヤシの実が発芽したのだとか。幻想的な光景は一見の価値がある。なお、公園やI-10沿線では現役のオアシスに出会える。カラカラに乾いた大地の中に突然現れる緑茂る一画は、はっと目を引く驚きがある。
　公園を訪れるチャンスに恵まれたなら、ぜひ夕方を体験してほしい。風が急に涼しくなり、植物が光り鳥が飛ぶ。そして、真っ青だった空が周囲360度、オレンジや紫の夕焼けに染まる。砂漠で体験する長く広く燃える夕景は心を打つに違いない。

これがジョシュアツリー。奇妙な木が夕日に美しく輝く。

ロストパームツリー。今は枯れた砂漠だが、かつて流れ着いたヤシが幻のオアシスを形成する。

幻想的な巨岩もこの公園の見どころ。

ユッカの仲間。植物の形態は、ときに動物以上に創造的で興味深い。

行き方　　　　　　　　　　　　　　　　　　How to get there

パークのエントランスは、I-10、US62に計3カ所。いずれもロスアンジェルスのダウンタウンから約140マイルと便利。

適した季節　　　　　　　　　　　　　　　　　　　　When to go

春と秋が気候的にはベスト。夏に行くなら西のモハベ・エリアが涼しくていい。サボテンの開花は6月ごろ。

予約　　　　　　　　　　　　　　　　　　　　How to reserve

モーテルは近郊のトゥエンティナイン・パームス、インディオ、パームスプリングスなどにある。キャンプ場は9か所、10〜15ドル。http://www.nps.gov/jotr/planyourvisit/camping.htm

ANTELOPE

アンテロープアイランド州立公園

本部：Utah State Parks and Recreation
　　　1594 W North Temple, Suite 116
　　　Salt Lake City, Utah 84116
　　　801-538-7220
　　　http://stateparks.utah.gov/parks/antelope-island
設立：1969年
広さ：28,022エーカー
入場料：クルマ・バイク9ドル。徒歩・自転車・バス3ドル/人（1日）。
　　　　オーバーナイトキャンプ13ドル

バイソンが闊歩する
巨大なソルトレイクに座る島

　ユタは全米の中でも、特にダイナミックな自然に恵まれた州だ。南部はグランドキャニオンと背中合わせの深い渓谷にレイク・パウエルを抱き、ザイオン、ブライスキャニオン、アークと3つの国立公園を連ねる。そして、乾いた中央部を挟み、北東部には冬季オリンピックが開催された4000メートル級の山脈がある。

　そのユタ州の北西部を占めるのが、巨大な塩湖、ソルトレイク Great Salt Lake だ。全米地図を俯瞰するとその大きさに目を瞠る。五大湖を別にすれば、広い荒野に落ちたただ一滴のオアシスのようだ。しかし、この湖はオアシスではない。海水の5倍も濃い塩分濃度を持ち、棲んでいるのは生きた化石と異名をとるアルテミアという小型のエビだけだ。

　この島には面白いエピソードがある。島にはじめて入植した白人は、モルモン教布教のためにユタに来ていたフィールディング・ガーという人物。彼が1848年に開いた農場の建物は今でも現存し公園の観光スポットになっている。その後、ジョン・ドーリーが1万ドルで島を買収し個人所有とすると、1893年2月15日、テキサスから12頭のバイソンを陸路とボートで連れてきた。内訳は、オス4頭、メス4頭、子ども4頭。かつて6000万頭いたバイソンは、白人たちの乱獲で1000頭にまで減っていた。それをアンテロープ島で繁殖させようというのだ。

　しかし、彼は環境保護論者ではなかった。なんとバイソン撃ちを商売としてひと儲けしようと考えたのだ。彼の目論見は一応成功したが、1920年にハンティングは禁止となり、以降、島はバイソンの自然繁殖地となった。現在、ゆったりとした自然の中で生活する500〜700頭のバイソンは、最初の12頭の子孫ということになる。メインランドから島の北部に橋がかかり、ソルトレイクシティからも1時間と利便だ。

ISLAND State Park

大きな空に雲が演出するダイナミックな天体ショー。

マウンテンバイクを楽しむ地元の若者。

トレイルは塩湖に浮いた大きな島を巡る。

夕日に雲が近づく。ストームが来るのか。

ハンティングのために連れてこられたバイソンの子孫が繁殖。

行き方 — How to get there
ソルトレイクシティからI-15を北上、レイトンへ。そこから西へ10マイルほど。ソルトレイクシティからは41マイル。

適した季節 — When to go
冬は寒く雪も降る。春から秋が過ごしやすい。

予約 — How to reserve
モーテルはソルトレイクシティほか、I-15の沿線でも見つかる。キャンプ場は1カ所。Bridger Bay Campground。予約可。http://utahstateparks.reserveamerica.com/

135

CRATERS OF

クレーターオブザムーン
ナショナルモニュメント・アンド・プリザーブ

本部：P.O. Box 29 Arco, ID 83213
　　　208-527-1300
　　　http://www.nps.gov/crmo/index.htm
設立：1924年
広さ：2,195エーカー
入場料：クルマ・バイク8ドル。
　　　　徒歩・自転車・バス4ドル/人。

溶岩帯に広がる空想の月面
次々と現れる驚きの奇態

　北へ向かう途中、昼食のために立ち寄ったアイダホ州ブラックフットは、20世紀初頭へタイムスリップしたようなオールドタウンだった。なぜか心惹かれて町並みを散策するうち、古い看板に誘われて床屋に入った。いつの間にか髪が伸び放題になっていたのだ。
　70代と思われる主人に髪を刈ってもらいながら話をすると、なかなか知的で見識の深い好人物であった。その彼がひとつ面白い情報をくれた。「クレーターオブザムーンに行ってみるといい。きっとビックリするよ」
　クレーターオブザムーンは、東西に広がるスネークリバー平野が北部山岳地帯に接するエッジに位置している。1万5000～2000年前に起こった8回の大規模な噴火活動によって形成されたスコリア丘がその主な見どころだ。スコリア丘とは、噴出したマグマが飛散冷却してできた多孔質で黒っぽい溶岩丘のこと。森林、砂漠、渓谷、氷河、海洋とさまざまな様相を示す国立公園だが、溶岩地帯とはあまり聞かない。
　「月面クレーター」というSFっぽい命名は、1923年にこの地を調査した地質学者、ハロルド・T・スティームによるもの。地球とは思えない奇態ぶりに驚いて、奇抜な名前を付けたものと推測される。
　US26を走っていると、公園に入る前から地形の変化が顕著になった。確かにすごい！　遥か地平線まで黒い溶岩の丘がゴロゴロと続いている。その不思議さは公園内のトレイルを歩いてさらに深まった。溶岩ばかりではない。熱に炙られた燃えカスのような大地が色を変えながらどこまでもうねっているのだ。何者かに焼き殺されたような立ち枯れの木。必死に岩にへばり付く地衣類。溶け泥む雪の塊。ここは本当に地球なのか？　1923年には月面の様子などほとんど未知だったに違いない。スティーム博士は異様な景色から、大いに想像力を働かせたことだろう。

THE MOON
National Monument and Preserve

スコリア丘を行くキャンパー。

溶岩地帯に残る残雪。冬はスキーを楽しむ愛好家もいるとか。

地球の臓物が吹き出して固まった。

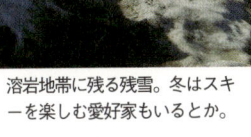

立ち枯れの木が静かにパントマイムを演じる。

キャンプ場もこんな具合。特異な体験を堪能した。

行き方 _____ How to get there

最寄りの都市はアイダホフォール。US20を約90マイル西へ。

適した季節 _____ When to go

公園は年中オープン。11月から4月は雪が降る寒さとなる。雪解け水によって5-8月が花の開花時期となる。

予約 _____ How to reserve

モーテルはアイダホフォール、ツインフォール、ブラックフットなどで見つかる。園内のキャンプ場はファーストカム・ファーストサーブ。10ドル。

137

GREAT SAND

グレートサンドデューン国立公園
アンド・プリザーブ

本部：11500 Hwy, 150 Mosca, CO 81146
　　　719-378-6300
　　　http://www.nps.gov/grsa
設立：2004年9月13日
広さ：107,000エーカー
入場料：3ドル/人（1週間）。

巨大な砂丘とかわいいクリークの
コントラストが鮮やか

　コロラド州南部のサングレ・デ・クリスト山脈は掌を丸めて囲うようにロッキーから突き出し、サン・ルイスバレーを形成している。かつてサン・ルイスバレーには大きな湖がありロッキーから数本の川が流れ込んでいた。川は砂利や砂を山から運んで堆積させたが、いつしか湖は干上がり大量の砂だけが残った。その砂が強い風に吹き飛ばされてサングレ・デ・クリスト山脈の麓に積み上がったのが、30平方マイルという巨大砂丘グレートサンドデューンである。

　砂丘の高さは220メートルほどもある。遠くから見るとさほど高く思えないが、真下から見上げると畏怖を感じる迫力だ。約1万2000年前にできたと考えられる砂の山は、当然ながら日々、いや刻々と生物のように形を変えて存在している。時速40マイルの風が吹くと、わずか1週間で小さな山が増えるという。

　砂丘の美しさは朝と夕により輝く。低い角度から射す太陽が芸術的な影を与えるのだ。みるみる変化していく大自然のミラクルショーはグランドキャニオンに匹敵する素晴らしさだ。

　砂丘の美しさを際立たせているのがメダノ・クリークという小川。雪解け水が砂丘の麓に流れ出すと、水と砂という究極のコントラストが完成する。ぴちゃぴちゃと流れを渡りながら人々は砂丘を目指す。

　健脚に自信がある方はハイ・デューン踏破に挑戦しよう。距離は約1マイル、高さは200メートルほど。簡単そうに感じるが柔らかい砂山登山は楽ではない。暑さ・紫外線対策、水分補給の準備が必要だ。しかし、苦労して登ればそれに見合うご褒美は用意されている。ハイ・デューンの裏側に連なる砂丘を俯瞰する特権は頂上に立った人だけのものだ。

DUNES

220メートル以上の高さがある砂丘登り。意外ときつい！

なぜ砂漠にこんなきれいな川が流れるのか？

ここでも雲が絶景の名脇役となる。

朝夕の太陽が低い時間に美しさは最高潮に達する。

行き方 — How to get there
コロラド州デンバー、ニューメキシコ州アルバカーキからI-25を使えばどちらからも4時間ほどの距離。サンタフェ、タオスへと足を延ばすことも可能。

適した季節 — When to go
公園は年中オープン。標高も高いので、冬は気温がかなり下がる。春、秋がベスト。

予約 — How to reserve
グレートサンドデューンロッジ、95-125ドル。キャンプ場は3カ所。http://www.nps.gov/grsa/planyourvisit/campgrounds.htm

BISCAYNE

ビスケイン国立公園

本部：9700 s.w. 328th St,. Homestead, FL 33033
305-230-1144
http://www.nps.gov/bisc
設立：1980年6月28日
広さ：172,924エーカー
入場料：無料

シュノーケリングに挑戦すれば
マナティに会えるかも !?

　エバーグレーズ国立公園からホームステッドに戻り、そのまま東へ迎えば、たった9マイルでもうひとつの国立公園、ビスケインに到着する。こちらは公園の95％を海が占める、典型的な海洋公園だ。
　クラシックなダンテ・ファセル・ビジターセンターにはビスケイン・ベイのエコシステム、動植物に関する展示室があるが、ほかの国立公園に比べるととても静か。海でのアクティビティに関しては、土産物屋を兼ねた隣の部屋が事務所になっている。
　提供しているサービスは、グラスボトムボート（底がガラス張りになっているボート）、アイランドトリップ、シュノーケリング、スキューバダイビング。カヌーやシーカヤックのレンタルも行っている。
　この日は高校生のグループがシュノーケリングの体験授業に訪れていた。彼女たちに混じって海中探検に出てみたい気もしたが（道具は貸してくれる）、今回はアイランドトリップに参加することにした。
　シュノーケリング組と乗り合わせて出発。船長によると、ビジターセンターのハーバーにもマナティがよく現れるとか。この日は残念ながらその愛嬌のある顔を見ることはできなかったが、ラッキーな人は遭遇できるだろう。もちろん、シュノーケリングやダイビングに挑戦すればその確率は高くなるはずだ。岸に近い海域は、平均水深3メートルととても浅い。海というよりもマングローブが茂る沼といった印象だ。ここに多数の魚、カメ、エビ、カニ、そしてそれらを捕食する鳥が棲んでいる。見回すまでもなく、ペリカン、サギ、トキなどの姿が見える。
　ぼくたちが上陸したのはボカチタ・キー。かつては個人の所有だったそうで、灯台や住まいの跡が散策コースに入っている。のんびりした2時間の海上トリップを楽しんだ。

アイランドツアーで上陸したボカチタ・キー。キーウエストの最北部に位置するサンゴ島。

高校生のシュノーケリングチームと同船。

島には古い灯台があった。クリスティなら殺人事件を編むかも。

海鳥たちが羽を休める。

島はよく整備されハーバーもきれいだった。

海洋公園らしい魚のレリーフが見事。

行き方 _____ How to get there
マイアミからターンパイクを南下、終点ホームステッドから西へ9マイル。

適した季節 _____ When to go
公園は年中オープン。ベストシーズンは12月から4月。夏は蚊の大群とストームに悩まされる。

予約 _____ How to reserve
モーテルはエントランスシティのホームステッドで。キャンプ場は3カ所。公園内最大の島、エリオット島とボカチカ島でテントキャンプが張れる。そのほかのアクティビティの問い合わせもこちらへ。http://www.biscayneunderwater.com/

国立公園の旅・

旅の準備もまた楽し

■ **情報収集**

　アメリカ国立公園の旅に出る決心をしたら、まずは情報収集である。世の中にはたくさんの旅のガイドブックが出ている。有名国立公園なら、そこだけで一冊にまとめたものもたくさんある。しかし残念ながら日本語で書かれたいい本はほとんどない。一発奮起して英語の本に挑戦してみよう。難しい単語は無視しても、有用な情報は得られるはずだ。海外の本もインターネットで探せる時代になった。まずは一冊手に入れよう。

　そのほか、「カリフォルニア州の自然」など地域で区切った本や、「ホットスプリング（温泉）ガイド」など遊び方でまとめた本もある。資料をそろえるのも、また楽しい作業だ。

　ロードマップも事前に入手したい。近くにほかのナショナルモニュメントやナショナルフォレスト、あるいは気になる町が見つかるかもしれない。何よりも自分がどんな土地を旅行するのか、知っていると楽しさが倍増する。なお、公園内の地図はビジターセンターで無料配布しているので、必ず現地で手に入れるようにしよう。

　本よりもインターネット、という方も多いだろう。確かに、インターネットの情報量に太刀打ちできるものはない。タブレット端末を持っていれば、現地で次々と必要な情報を集めることも可能だ。これを活用しない手はない。特にナショナル・パーク・サービス（http://www.nps.gov/index.htm）のページは、一度訪ねておく価値がある。

いろいろ準備編

■ どんな旅にするか？

　旅のスタイルで準備も変わる。日本からのツアー参加は、もっとも安心かつ効率的な方法だろう。言葉の心配もなく十分な解説も期待できる。なかにはユニークかつマニアックなツアーも企画されているので探してみるのも面白い。

　現地のツアーに参加するという手もある。いろいろな国の人とバスに乗りあわせて出かけるのも楽しい。

　あとは、完全な自由旅行。空港でレンタカーを借りて、ロードマップを見ながら（もちろんナビもありますが）、気の向くままにアメリカの旅行をエンジョイするスタイルだ。最初は自信のない人もいるだろうが、いつかチャレンジしていただきたい。友人と誘い合わせれば心強いし、安価に計画が立てられる。

　国立公園の旅といっても、道中も旅のうちだ。どのように、どんなメンバーと、どんなところに泊まって、どんな旅をするのか。それによって計画は違ってくる。

■ 用意しておいた方がいいもの

　アメリカは寒い、と考えておいた方がいい。夏のカリフォルニアと聞けば暖かいイメージがあるだろうが、ビーチでも夜はかなり冷えるし、あなたが行こうとしているのは標高 3000 メートルの山中にあるヨセミテ国立公園なのだ。しっかりとした防寒の準備は忘れずに。砂漠の夜も冷えますよ！　それにレインスーツ。傘をさしている人は見たことがない。通気性がよくコンパクトに畳んで持ち運べるものがベストだ。

　虫除けスプレー、蚊取り線香などもあったほうがいい。大自然に虫はつきものです。常備薬のほかにバンドエイドも用意しよう。

　バードウォッチングの趣味がなくても、小型の双眼鏡は役に立つ。鳥や動物に出会える可能性が倍増する。あとはハイキング用のバックパックやシューズ、帽子、アーミーナイフはぜひ用意したい。トレイルによってはサンダルでは歩きにくいところも多い。懐中電灯（できればヘッドライト）も荷物に入れておきたい。

旅程を立てる
周遊にも便利なアメリカの航空会社

■ なにはともあれ、アメリカへ

　どんな旅であれ、飛行機の利用は最小限、というのがぼくのモットーだが、アメリカ国立公園の旅なら、やはり最寄りの空港へのアクセスをおすすめしたい。なるべく長い時間を公園の中で過ごしてほしいからだ。

　アメリカへ行くなら、やはりアメリカの航空会社を選びたい。乗り継ぎなどを想定すると、断然便利だ。なかでもデルタ航空は米国本土８カ所の空港にダイレクト便がある有力エアライン。成田のほか、羽田、関空、名古屋からも飛んでいる。右ページの表は本書で紹介している国立公園と最寄りの空港。これだけ乗り継げればとても便利だ。

　シートではエコノミーコンフォートがおすすめ。低コストのまま足が伸ばせる広い席を使える。長時間のフライトとなるアメリカの旅にはうってつけだ。そのほか、オンデマンドモニタで好きなときに映画や音楽、ゲームができるエンターテイメントが充実しているから時間が経つのが早い。

　また、デルタ航空の空港ラウンジ「デルタ スカイクラブ」が自由に利用できる１日券や30日会員というサービスも。軽食、飲物、インターネット環境の整ったPC、WIFI、シャワールームなど使えてリラックスできる。ゆったり周遊する予定なら快適さを求めたいね。

デルタ航空予約センター　ナビダイヤル　0570-077733
インターネット・ホームページ　delta.com
機内誌ウェブサイト「SKY」　www.deltasky.jp

エコノミークラスにも全席エンターテイメントが。

エコノミークラスより足元が約10センチ広いエコノミーコンフォート。

フルフラットで快適なビジネスクラス。

■ 国立公園周遊というプランはいかが？

　せっかく企画したアメリカ国立公園の旅。いくつかの公園を巡りたい、そう思う人もいるだろう。しかし、アメリカはとにかく広い。陸路では移動するのに限界がある。西海岸に広いネットワークを持つデルタ航空は、ロスアンジェルス、サンフランシスコ、シアトル、ポートランドに直行便を持つ。そこからの経由便をうまく使って、プランを組み立ててみたい。

　まずはサンフランシスコを起点にヨセミテ国立公園かマウントシャスタ・ナショナルフォレストへ。どちらも数時間のドライブで到着する。もしも両方を回りたいというなら一週間かけて性格の違う山岳公園を堪能するのがいいだろう。

　ちょっと欲張ってみたいという方は、ラスベガスへ飛び、グランドキャニオンを訪ねてみよう。ラスベガスから３～４日の日程で世界最高の眺望が満喫できるはずだ。あるいは、ラスベガスからデスバレーに行く手もある。空港からデスバレーの公園ゲートまでたったの２時間。超特殊な環境を体験するのも一考だ。

　あるいは、サンフランシスコからロスアンジェルスへ飛び、ジョシュアツリー国立公園という手もある。いずれも西海岸二都市のナイトライフもおまけにつく。こんな芸当ができるのも全米にネットワークを持つ航空会社を使えばこそ。全米の都市にフライト網を持つデルタなら、ちょっとやそっとの無理は可能にしてくれそうだ。

国立公園最寄り空港一覧 （デルタ航空は下記の全ての空港に発着している）

公園 National Park	空港 Airport	公園 National Park	空港 Airport
ヨセミテ	サンフランシスコ	イエローストーン	ウエストイエローストン ジャクソン アイダホフォール
セコイヤ	サンフランシスコ ロスアンジェルス	ロッキーマウンテン	ポートランド
デスバレー	サンフランシスコ ロスアンジェルス	ビッグベンド	エルパソ
シャスタ	サンフランシスコ	ジョシュアツリー	ロスアンジェルス
グランドキャニオン	フェニックス ロスアンジェルス ラスベガス ソルトレイクシティ グランドキャニオン	アンテロープアイランド	ソルトレイクシティ
		クレーターオブザムーン	ソルトレイクシティ
		グレートサンドデューン	ポートランド アルバカーキ サンタフェ
オルガンパイプ	フェニックス ツーソン	ビスケイン	マイアミ

初めての旅行でも…

日本語ナビで安心ドライブ

■ **手続きはとってもシステマチック**

　飛行機の搭乗もそうだが、レンタカーを借りる手続きはますますシステマチックで簡素化されている。今回、エバーグレイズ国立公園取材のためにマイアミ空港からアラモレンタカーを利用したが、またまたビックリさせられた。

　空港の到着ロビーからレンタカーロビーへエレベーターで移動すると、長いカウンターのデスクにすぐに案内された。ここであらかじめ用意しておいた予約確認書を提出。さっと確認書類が出て、それにサインするだけ。そのまま地下ガレージに誘導され、契約した大きさのクルマが止まっている一画から好きな一台を選べばいい。キーはクルマについている。今回は中型車を借りたので、トヨタ、シボレー、フォルクスワーゲンの中から、VWパサートをチョイスした。ここまでおよそ20分。英会話の実力も試されなかった。

　また、アラモのように支店が多いレンタカー会社を使えば、乗り捨てなどの計画も立てやすい。アメリカの旅は自由に移動してこそ楽しい。百聞は一見にしかず。ぜひ、レンタカーの旅に挑戦してほしい。

アラモレンタカー予約センター　0120-088-980
日本語ホームページ　www.alamo.jp

空港ビルの上階にあるレンタカーロビー。大きなデスクで流れるように手続きが行われる。

エバーグレイズ国立公園、キーウエストで大活躍したアラモレンタカーのVWパサート。燃費も良く走りも文句なし。

レンタカーで旅しよう！

■日本語ナビがすべてを変えた

　アメリカの道は単純とはいえ、都会を抜けるまではかなりややこしい。独特のストリート名やフリーウエイの番号など、慣れていない外国人にはハードルが高いのも事実だ。実際、これまで自信のない人には積極的にレンタカーをすすめる気にならなかった。

　ところが、今回、アラモのスタッフにナビをすすめられ、愕然とした。なんと日本語音声が選べるのだ。さっそくセットしてみると、「300メートル先、右折です」と、さわやかななまりもない日本語での案内が開始された。これならマイアミだろうが、ロスアンジェルスだろうが、まったく不安はない。まったく便利な世の中になったものだ。

■宿泊はモーテルはいかが？

　レンタカーを借りると楽しいことがたくさんある。スーパーによって買い物をしたり、感じのいいダイナーでコーヒーブレイクをしたり、きっとアメリカの空気を何倍も楽しめるはずだ。

　もうひとつおすすめなのがモーテル。気軽に泊まれるモーテルはアメリカならではのシステム。「空室 VACANCY」のサインが出ていれば、予約なしに部屋を取ることができる。国立公園内のロッジが取れなくても慌てる必要はない。近隣の町に必ずモーテルがあるからだ。もちろん、インターネットでの事前予約も可能だ。

　最後に、給油のアドバイス。ガスステーション（ガソリンスタンドは日本語）の給油機（ポンプ）に駐車したら、併設されているコンビニのカウンターにクレジットカードを出して、さりげなく「フィルアップ（満タン）」といえばオッケー。そのときにポンプの番号を伝えればベストだ。ポンプにはクレジットカードを入れる機械がついているが、住まいのZIP（郵便番号）を聞かれたりしてややこしい。カウンターに行くのが一番だ。給油（ポンピング）が終わったら、カウンターに戻りサインをして終了だ。

国立公園にぴったり
キャンピングカーで行こう！

■ 大自然と触れ合うことが目的だ

　アメリカ国立公園の旅にぴったりな究極の移動手段はキャンピングカーだ。極上の大自然を体感するために、これ以上のものは考えられない。ぼくもキャンピングカーで旅行をしたからこそ、ここまでハマってしまったのだと思う。

　日本にいるとキャンピングカーは特別な存在に感じるが、アメリカではいたってノーマル。フリーウエイを走れば頻繁に見かける。キャンプ場やRVパークの設備もよく整っていて本当に使い勝手がいい。鳥の声とともに目覚め、木の香りの中で寝起きをする。素晴らしい朝焼け、夕焼けに包まれながらの旅。これこそまさにスペシャルだ。

■ レンタルキャンパーという手段

　とはいっても、どうすればそのスペシャルが現実になるのか……。ここで登場するのが、レンタルキャンパーだ。日本で代理業務を行うトラベルデポは、全米18カ所のステーションと契約を結び、多様なニーズに応えている。本書で紹介した15カ所の国立公園もすべてカバーできるネットワークだ。

　しかも、サービスがいい。驚いたのは、プレートやカトラリー、バーベキューグリル、お鍋にフライパン、その他すべて新品をそろえて貸してくれること。1〜2週間の旅のために自分で道具を買うわけにはいか

トラベルデポで手配してもらったキャンピングカー、C-25。3人までならかなり快適に過ごせる。

のスペシャルな旅

ない。それだけにこのサービスは有難い。もちろん、シャワー、冷蔵庫、TV、清潔なシーツその他、旅に必要なものはひと通りそろっている。

さらに驚くのは経済的な旅ができること。国立公園内のキャンプ場は1泊10～20ドル。スーパーマーケットで食材を仕入れてクッキングを楽しめば、食費もぐっと抑えられる。家族や仲間と1台借りるスタイルは、とても経済的なのだ。また、現地には日本人スタッフもいるので困ったときの対応も万全だ。

■ 旅のプランも相談しよう

前述のトラベル・デポは、キャンピングカーを貸すだけでなく旅行プランの立案も手伝ってくれる。何日間の予定なのか、どこに行きたいのかを相談すれば周遊プランを提案してくれる。経験豊富なスタッフが対応するだけに、わがままも聞いてくれそうだ。

もちろん英語のサイトからのキャンプ場の予約、ブッキングが必要なツアーへの参加、ホテルなどの予約なども万全。運転に自信がない方のためにドライバーサービスまで用意されている。

現在、夫婦の記念旅行、学生たちの卒業旅行、お父さんお母さんへのプレゼント旅行など、さまざまな利用があるという。ぜひ、思い出づくりにキャンピングカーを利用してほしい。

トラベルデポＨＰ　http://www.motor-home.net
（体験記もいっぱい掲載されている）

いわば3ベッドルームにリビング、キッチン、トイレ、シャワーの他いろんな車種がある。

いつも新品を貸してくれる素晴らしいサービス。

マウンテンバイクも無料で貸してくれました。感謝！

ぼくのキャンピングカー放浪記

Keep on travelin!!

1972
ロードムービーに憧れた中学生

　ぼくは 1959 年生まれ。1970 年代に中学生、高校生の時期を過ごし、アメリカ文化の洗礼をまともに受け、どっぷりと浸かった。いや溺れた。特に音楽や映画は夢中になった。湯川れい子さんがディスクジョッキーを担当していた「全米トップ 40」は欠かさず聞いていたなぁ。調べてみると 1972 年 10 月に放送を開始したというから、まさにぼくの青春とぴたり一致する。

　映画ではロードムービーが好きだった。「イージー・ライダー」(1969)、「スケアクロウ」(1973)、「ペーパームーン」(1973)、「アリスの恋」(1974)、「ゲッタウェイ」(1972) など、今でも大好きな作品だ。

　ぼくは部屋に大きなアメリカ地図を張り、州や町の名前を覚えていった。覚えたのは町の名前ばかりではない。川の名前、山の名前、各地方の産業、文化などなど。インターステイトを指で辿っては、アメリカを旅する日に思いを馳せた。

　ところが、1970 年代の中学生にとってアメリカはあまりにも遠くでっかい国だった。海外旅行が今ほど気軽じゃない時代に、アメリカ放浪は突飛過ぎた。何とか思いつくのはグレイハウンドを使うヒッピー旅行くらいだが、それにしてもお金がないし、第一、英語なんかまったく話せない。せいぜいレコードの輸入盤のビニールシールを破り、封印されていた「アメリカの空気」を吸っているのが関の山だった。

　いつしかぼくの部屋からアメリカの地図は外されてしまった。

1989
アメリカは待っていてくれた

　その後、地方の国立大学を卒業し、一流企業に就職するも 3 年でドロップアウト。大学の頃に齧った本作りの喜びを諦めきれずに、1986 年、27 歳の時、ある出版社のアルバイトに潜り込んだ。

　このときに得た仕事が自動車雑誌の編集だった。特別にクルマの知識があったわけではないが、出す企画は次々に当たり、仕事はすぐにノリノリ状態となった。今思えば、時代が良かったのだ。よっぽど下手なことをしなければ、どんな企画でも当たったのだと思う。

　こうして経験を積んだぼくは、1988 年に会社に対して新雑誌の企画を提案した。アメリカ文化をみっちり盛り込んだ自動車雑誌である。それも、50s、60s、70sを中心とした、いわゆる旧き良きアメリカをテーマにする内容だった。まさにぼく

の大好きな世界を都合よく自動車と融合させた、とても身勝手な企画だった。
　ところが、これがスマッシュヒットとなる。話はトントン拍子に進み、アメリカ取材という段取りになった。日本の片隅に住んでいては、ナウでホットな情報は得られないというわけだ。こうして、ぼくは1989年、初めてロスアンジェルス行の切符を手にすることになった。同じく「アメリカに行ってみたい！」という読者たちを引率しての体験取材ツアーだった。
　もう25年も前の話になるが、あのときのことは今もはっきりと覚えている。初めて嗅いだロスアンジェルス空港の香り、フリーウエイを走る爽快感、ハンバーガーの美味しさ、英語の看板のカッコよさ。とにかく何から何までうれしくて仕方がなかった。一人で恐る恐る入ったTシャツショップで、金髪の店員さんに「Can I help you?」と声を掛けられ、何を助けてもらえばいいのか分からなくて逃げ出してしまったのも、初心な思い出だ。

2000
ああ、俺はバカだった

　それから時は一気に2000年まで流れる。初アメリカに感動した初心なぼくは、もういない。すでにロスアンジェルスへは何度も取材で行き、見尽くした感があった。バブルの収束、メディアの乱立、インターネットの台頭等々で、もはや雑誌業界で大ヒットを出すことは不可能、仕事に夢を追うことはほとんど諦めていた。つまり、ぼくは少部数を維持するマニア向け自動車雑誌の編集長にぽつんと収まった、すれっからしの41歳だった。
　しかも、この10年間にアメリカ自体の魅力も減退していた。かつての強いアメリカは自信を急速に失っていた。ドルも弱くなった。アメリカ車はものすごく小さくなった。航空チケットは安くなり学生でもすぐに行ける国になった。ぼくにとってかけ離れた世界の大巨人だったアメリカは、隣に住む少し体の大きいおじさんに成り下がってしまった。
　そんなときに久しぶりにアメリカに取材に行く話が持ち上がった。ここ2、3年はチャンスを若い後輩に譲り、ぼくは渡米していなかったのだ。正直言ってワクワクすることもなくなっていた。
　ところが、今度ばかりは話が違った。新発売となったニュービートルというクルマのファンが、ニューメキシコ州ロズウェルという町に全米中から集まるというのである。取材班はロスアンジェルスでニュービートルを借り出し、カリフォルニアのグループ20台とともに2泊3日の旅程でロズウェルに入るという計画だ。
　これは楽しそうだ。もともとが旅好きである。大学生で体験した最初のインドに魅せられ、以降、6度も再訪した。そのほかのアジアの国々もおおかた歩き回った。

30歳の時に釣りを覚え、仲間たちとシベリア、オーストラリア、西表島などに釣行した。今回のニューメキシコへの取材旅行は、久しぶりにぼくの旅ごころを刺激する内容だったのだ。
「今回は俺が行くからな」と部下たちに言い渡し、ぼくはうきうきと機上の人となった。
　果たしてこれが素晴らしい旅となった。砂漠の夕日があれほど美しいとは知らなかった。深い森のハイウエイを抜ける神秘。シェラネバダのはっとする清々しさ。フリーウエイを走る大型トラックのカッコよさ。そして、巨大なテーブルマウンテンに愕然……。
　ああ、俺はバカだった！　ロスアンジェルスを見ただけで、アメリカをすべて分かった気になっていた。それは慢心、無知以外の何ものでもない。アメリカにはまだ体感したことのない素晴らしさに満ちているのだ！　それを俺はようやく知った！
　まさに両頬を殴られた気分だった。ぼくは部屋に再びアメリカ地図を張った。そして実感した。ぼくはこれから本当のアメリカの旅にチャレンジするんだ、と。中学生の頃の夢を実現する時が、ついにやって来たのである。

2001
バナチンとの出会い

　では、夢を実現するためにどうするか？　ぼくが選んだ答えは、キャンピングカーを買うこと、だった。
　ロズウェルへの取材旅行では、いろいろな新しいことに気付かされたが、そのひとつがキャンピングカーのカッコよさだった。日本では持て余し気味になる大型キャンパーも、アメリカのフリーウエイを走っている姿は文句なしにカッコよかった。しかも、とてもたくさん走っている。アメリカでキャンピングカーは珍しい存在ではないのである。
　キャンピングカーを運転しながらアメリカを旅する。これこそぼくの夢達成に向けた最良のシナリオに違いない。しかも、仕事柄、ロスアンジェルスには便利な知り合いが何人もいる。試しにある人物に「普段は使ってもいいから、一台預かってくれないか」と相談すると、あっさりオッケーが得られた。これで計画は一歩前進である。
　続いてクルマ選びだ。すぐに全米旅行に出るなら大型キャンパーもいいが、当面は年に数回、ロスアンジェルスを起点に利用することになる。友達を誘ったとしても、乗車するのは一人かふたり、せいぜい3人だろう。取り回しのいい小型のバンコンバージョンと結論が出た。
　フォルクスワーゲンファンのぼくとしては、ケビン・コスナーが「フィールド・オブ・ドリームス」で乗っていたタイプ2に魅かれるが、さすがに1600ccの空冷エンジンは心もとない。そこで浮上したのが、タイプ2の後継モデルで2100cc水冷エンジンを積むバナゴンだ。特にウエストファリア社によるコンバージョン・モデルは非常によくできていて信頼性が高い。何よりもVWの正統だし、ぼくの趣味にずばり合致する。現地の知人にクルマ探しを打診すると、3000ドルぐらいで見つかるでしょう、との答え。これは安い！　さっそく送金して結果を待つことにした。
　ところが、なかなか朗報は届かない。たまに送られてくるのは、15万マイルも走っているか、1万ドルオーバーのものばかり。やはり、3000ドルでは無理なのか、と諦めかけたある日、突然、「買っちゃいました」と連絡が入った。相談もなく、買っちゃいましたはないだろう、と怒りたくもなるが、もう仕方がない。金額は3500ドルだった。
　しかし、送られてきた写真を見て、今度はがっくり。まず、ウエストファリア製ではない（あとでカントリーホームというマイナーメーカーのものと判明）。型式から判断するに1900ccの低級グレードで、オートマ、パワステ、エアコンすべてないタイプ。しかもボディカラーが赤と白のツートンとおめでたくできている。さらに2週間後、さっそくロスアンジェルスに飛んで現車を確認すると、電気類の配線がまったくダメなうえ、ドアの立てつけが非常に悪く修理対象となった。密かに必須と考えていたサイドオーニングも付いてはいたが使い物にならないほどボロだった。正直、かなりがっくりきた。
　だが、ものは考えようだ。装備はイマイチだがエンジンは快調だ。これはなにより大切なこと。とにかくこれで旅立ちのスタートラインには立てた、と喜ぶべき、

と無理やり納得した。

当時、高倉健さんがテレビCMで、こう渋く呟いていた。「男は心の中に馬を飼っている。いつか荒野を駆け巡るために」。

ぼくは相棒をバナチンと命名し、一緒に荒野を駆け巡る夢を託した。

2001
旅立ちの準備は着々と進む

こうなると後戻りはできない。前進あるのみである。

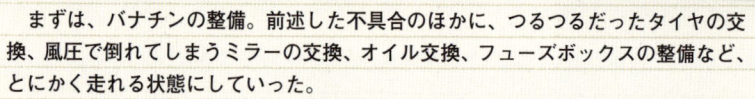

まずは、バナチンの整備。前述した不具合のほかに、つるつるだったタイヤの交換、風圧で倒れてしまうミラーの交換、オイル交換、フューズボックスの整備など、とにかく走れる状態にしていった。

次にキャンプ用品。バナチンは屋根がポップアップしてベッドスペースが確保できる仕組みにはなっているが、基本的にはテントでの寝起きを予定している。車内の料理用ストーブも簡易用と考え、本格的なツインバーナーを屋外で使う計画だ。

そこで必要となるのは、テント、ツインバーナー、ランタン、クーラーボックス、食器類、調理用品、寝袋、マット、キャンプファイヤー用のトングと手斧（ハンドアックス）など。燃料はプロパンを勧められた。プロパンボンベに専用のポールを立て、その上にランタン、途中にホースを繋ぎツインバーナーやヒーターをセットする機能的なスタイルだ。これは気に入った。日本ではプロパンボンベを扱うことにうるさいが、アメリカではまったくのフリーパスである。

そのほか、釣り道具や衣類、レインウエア、予備の毛布、ヘッドライト、歯ブラシや髭剃り、調味料各種、ロードマップなどを積むとかなりの物量になった。それを収納するボックスなども手当てする。あっという間にただの旅行者から地元アウトドアマンに変身した雰囲気になった。

この準備段階で、ぼくは一冊の本と出会った。リチャード・マクマホン著『キャンピング・サザンカリフォルニア』だ。その序文から引用しよう。

「……カリフォルニア州を地理的にみると西のコーストレンジと東のシェラネバダが高く、その間にセントラルバレーが南北に走っています。セントラルバレーには農産物の豊かな畑が広がっています。ホイットニー山は14,495フィートの頂を持ち、デスバレーは282フィートも海面から低いところにあります。これは48州の一番高いところと一番低いところです」

これだけでも知らなかったカリフォルニアの一面が見えてくる。

「この州には8つの国立公園、5つのナショナルモニュメント、400の州立あるいは郡立の公園、2000万エーカーのナショナルフォレストがあります。キャンプ場は1500カ所以上あります」

　なんということだ。全米一周どころか、南カリフォルニアを放浪しているだけで残りの人生が終わってしまいそうだ。急がなきゃ！

2001
ついにグランドキャニオンに立つ

　ここから行動はさらにペースアップした。6月にバナチンと初対面した後、7月にはさっそく初キャンプに挑戦。目的地はロスアンジェルスから260マイルほど北のサン・アントニオ。もちろん、マクマホン氏のガイドブックおすすめのキャンプ場だ。きれいな湖畔で2泊過ごした。その後、サンタバーバラのビーチにあるキャンプ場で1泊、計3泊4日の旅であった。

　正直言って、すっかり気を良くしてしまった。買いそろえたキャンプ用品はきちんと機能し、バナチンもしっかり走ってくれた。夢はパンパンに膨らみ、次のステップへと軽々と飛躍した。

　次なる目的地、それはグランドキャニオンである。キャンプ初心者の分際でおこがましい！と怒られそうだが、ぼくの猛り狂った欲望はもはや抑えることができないのだった。68ページの「ぼくのグランドキャニオン滞在記」も読んでいただきたいが、キャンプ場の予約、バックカントリーへのパーミットの取得も含め、すべて自力で成し遂げた旅だった。

　出発は10月。ルート66の旧道を走り、ウイリアムで1泊。そして、いよいよキャニオンである。12億年の歳月を越えて形成された偉大な谷。その深さ、1マイル。単純に考えて富士山の半分の高さだ。それを真下に見下ろすのである。凄くないはずがない。

　盾のように並ぶ岩山に繰り広げられる光と影のドラマ。あまりの素晴らしさに文字通り腰を抜かしてしまった。さらにモニュメントバレー、レイクパウエルなどを回る6泊7日の旅程。ひとつひとつの経験が感動の連続だった。

　すっかり調子に乗ったぼくは、2002年1月にオルガンパイプカクタス・ナショナルモニュメントへ。その後、立て続けにセコイヤ国立公園、デスバレー国立公園、ジョシュアツリー国立公園、シャスタ・トリニティ・ナショナルフォレスト、バハ

カリフォルニアなどをバナチンと駆け巡った。さらに国立公園の旅の合間に、音楽コンサートも楽しむという離れ業まで達成したのである。
　ぼくは自分の旅のスタイルを「放浪キャンプ」と命名し、3年間にわたりやりたい放題の至福を謳歌したのだった。

2004
新たな計画と衝撃的な挫折

　ここまで読んでいただいた方は、ぼくのチャレンジが順風満帆だったと感じていることだろう。ところが、そんなことはない。ただ、いいことだけを抜粋して並べただけだ。思い出してほしい。たかが3500ドルで買ったクルマだ。トラブルがないはずはない。
　旅先で修理工場にレッカーで運ばれたこと。次の目的地に間に合わずバナチンを駐車場に置き去りにしてレンタカーを借りたこと。ジョシュアツリーのキャンプ場にエンスト寸前で滑り込んだこと。そんなトラブルが二度や三度ではなかった。それを騙しだまし、なだめすかして3年間、なんとか維持してきたのだった。
　2004年早春、ぼくは新たな計画に踏み切った。バナチンの心臓移植、つまりエンジンの換装である。初心に立ち返れば、ぼくの目標はカリフォルニア周遊ではない。全米一周だったはずだ。その目標に挑むためには、今のバナチンの状態では絶対に不可能。そこで以前から薦められていたリビルドエンジンへの換装を決断したのだ。予算は2000ドルであった。
　2カ月のプロジェクトの後、作業完了、と連絡が入ったのが5月。ぼくは試運転の目的地をニューメキシコ州ロズウェル定めた。あの思い出のイベントに4年ぶりに取材を兼ねて参加することにしたのだ。ロスアンジェルス在住のカメラマンと二人、意気揚々と新生バナチンでフリーウエイに乗り出した。
「さすがに快調だね」
「新車みたいだよね」
　車内がジョークと笑顔に満ちていた。しかし、それはフェニックスの手前までだった。6月の熱射にいたぶられ、水温が不気味に上がり出したのだ。そんなはずはない、何かの間違いだ、と念じる心。予定していた初日の宿泊地までは、あと2時間ほど。一晩冷やせば、また絶好調に戻ると信じていた……。
　あとにも先にも自分が運転しているクルマのエンジンが豪快にぶっ壊れた経験は、あのときだけだ。ゆらゆらと振れていた水温計の針が、が〜んと突然振り切れたのだ。
「うわー！」

慌てて路肩に緊急停車したが、それでどうにかなるものではない。移植後の心臓はわずか6時間ほどで心肺停止状態に陥ってしまった。

最寄りの修理工場にバナチンをレッカーで移動。ぼくたちはレンタカーでイベント会場へと向かった。そのときのぼくの落胆ぶりは表現のしようがない。天国から地獄へとは、このことだった。

2日後に修理工場に寄ると、ガスケットが飛び、もう一度エンジンを載せ替えるしか方法がないという。まったくの絶望。このままクルマをアリゾナに捨てて帰ろうかとも思ったが、なんとか直した方がいいと友人に説得され、カリフォルニアのレッカーを呼んで持ち帰ることとなった。

夢破れる、とはこのことだ。結局、なんとかエンジンがかかる状態に修理し、バナチンは二束三文で業者に引き取られていった。

2008
国立公園の旅　再チャレンジ

打ちのめされた日から数年が経ち、ぼくの心はようやく癒えてきた。そして、「達成されなかった仕事」を終わらせるために、新たな計画に着手した。もう一度、バナゴンのキャンパーを買い、今度こそ全米一周を達成する。いわば、リベンジである。そのために長年続けていた仕事にも、ひと区切りをつける決心をした。会社勤めをしながらの放浪キャンプは、やはり往生際が悪い。

計画には多くの国立公園がリストアップされた。ヨセミテ、イエローストーン、ロッキーマウンテン。ああ、いつか行ってみたいと思い描いていたところばかりだ。ニューオリンズ、メンフィスなど音楽の都も訪ねてみたい。思い立ったらウズウズして、もう止めることができなくなった。

2008年4月、ぼくはついに旅立った。今度は念願のウエストファリアを入手し、ウッちゃんと名付けた。1万ドルの優等生だった。

それからはまさに最高の思い出ばかりだ。たくさんの出会いと自然の驚異の連続。それらは、ぼくの人生の大きな財産になった。もしも、アメリカ国立公園に出会わなかったら、ぼくは違う存在になっていたに違いない。

中学生の頃からの夢がかなった旅。

この本の行間にぼくの喜びを少しでも感じていただけたら幸いだ。

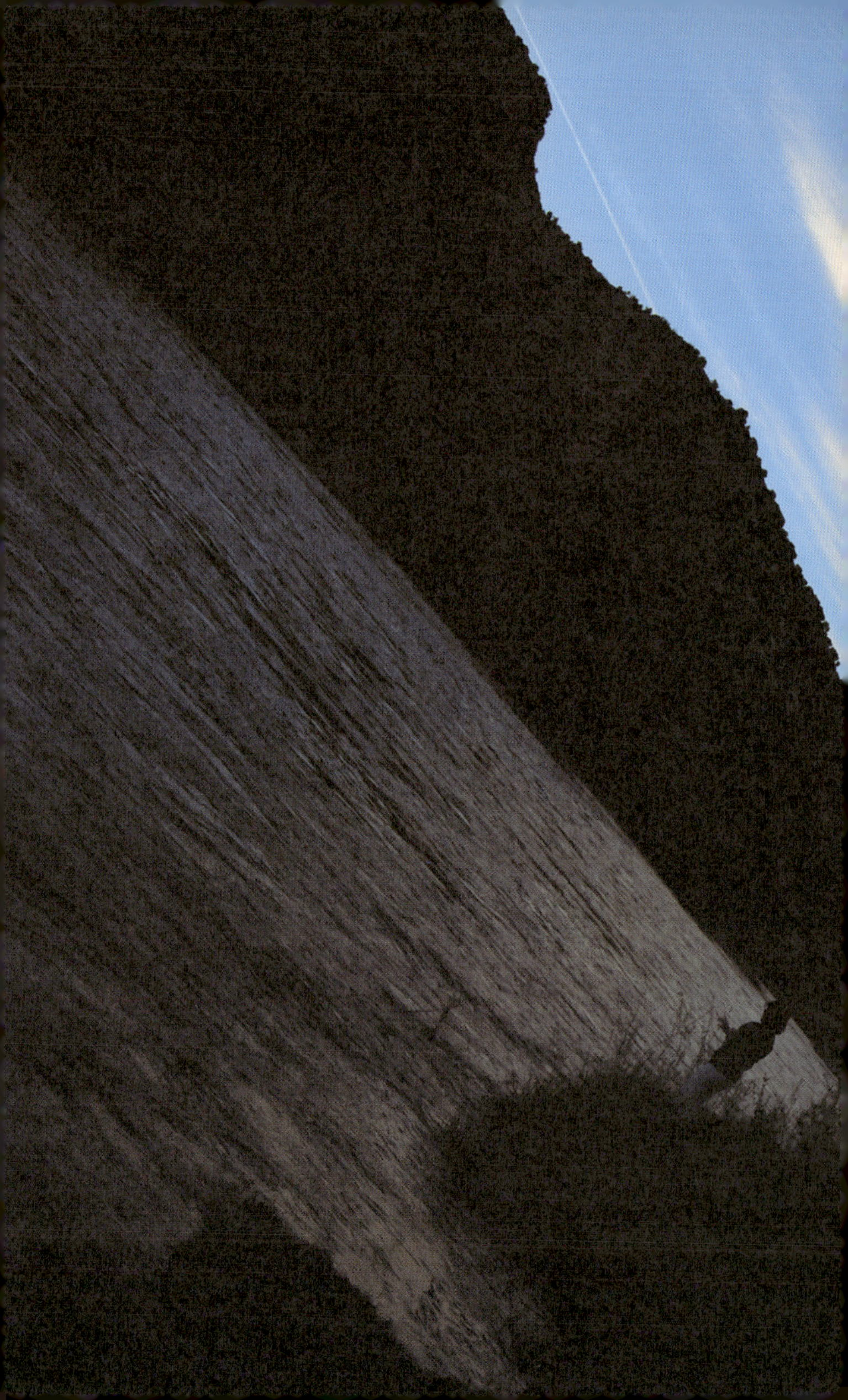

アメリカ国立公園は媚薬の香り
あとがきにかえて

「文明が一歩踏み込むと、自然は二歩後退る」
かつて開口健はこう自然破壊を嘆いた。しかし、この慧眼の小説家は単なるナチュラリストではなかった。見事に将来を看破すると、こう付け加えている。
「地球の自然を守るには人間の力が必要だ」
　一見矛盾した理論だが、それが正しかったことは彼の死から20年以上が経ち、誰もが認める現実となった。地球の自然はどこにある？　アマゾン？　アフリカ？　それとも南極？　答えはNO。もし、そこに何かが残っていたとしても、個人の旅行で確かめに行くことなど不可能に違いない。
　そこで、アメリカの国立公園である。
「公園」だから、もちろん人間によって開発され管理されている。それにも関わらず伝わる、あの飛び切りの心地よさは何だろう。もし、「手つかずの自然」が偉いとするならば、アジアやアフリカの国立公園の方がずっと上のはずだ。
　アメリカの国立公園には、「自分が自然と共にいる」と感じさせる甘い媚薬が香る。たとえそれが巧みな演出であったとしても、その極上の演技に酔う価値は十分にある。
　旅を通じてたくさんの人に出会い、何度も助けてもらった。そして、また次の目的地へとアクセルを踏んだ。次の場所に未知の驚きが待っていることをぼくは知ってしまったから。そこに行けば元気になることを知ってしまったから。もしも、妖しい媚薬を嗅ぐことがなかったら、ぼくの人生は少し違うものになっていただろう。それだけは確信している。

　最後に、ぼくのささやかな体験を素敵な本にしてくれた関係者のみなさま、写真・情報を提供してくれた友人たちに感謝します。

本の製作、旅に協力してくれた友人

高橋泰博さん（写真提供：P42-47、P62-69）
太刀川由美子さん
David Fetherston
Nanette Simmons
Benjamin Tan
梶木富美江さん
遠藤竹丸さん
渡辺信彦さん

参考資料

「Guide to the National Park of the United States Sixth Edition」NATIONAL GEOGRAPHIC
「森の聖者　自然保護の父ジョン・ミューア」加藤則芳　山と渓谷社
「パワースポット　シャスタ山の歩き方」高原操　中尾好孝　VOICE
「地球の歩き方　アメリカの国立公園」ダイヤモンド社
「RANGERS ACTIVITY AND STICKER BOOK」EASTERN NATIONALS
「Our National Parks」Ansel Adams

協力

デルタ航空
アラモレンタカー
トラベルデポ

私のとっておき　34

アメリカ 国立公園
絶景・大自然の旅

2013年6月15日　第1刷発行

著者／牧野森太郎（文章、写真）
ブックデザイン／ohmae-d（大前悠輔）
イラスト（P35、P83）・地図デザイン／品川幸人

発行／株式会社産業編集センター
　　　〒112-0011
　　　東京都文京区千石4-17-10
　　　TEL 03-5395-6133　FAX 03-5395-5320

印刷・製本／図書印刷株式会社

©2013 Shintaro Makino Printed in Japan
ISBN978-4-86311-084-7 C0026

本書掲載の写真・文章・イラスト・地図を無断で転記することを禁じます。
乱丁・落丁本はお取り替えいたします。